全国工商联人才交流服务中心职业技能培训系列教材

LIVESTREAM SALESPERSON

直播销售员

全国工商联人才交流服务中心
北京经济管理职业学院 | 组织编写

编审委员会

主　任：王兆成　魏中龙

副主任：张一卫　李静文

委　员：王书柏　夏存宏　沈　悦　张　鉴　曹景龙

编写人员

主　编：魏中龙

副主编：曹景龙　李静文　毛　娟

编　者：郭朝红　孙旖婕　王　瑀　黄　莹　袁　月
张　伟　李冠泽　张　鉴　王慧美　车少辉

中华工商联合出版社

图书在版编目（CIP）数据

直播销售员 / 魏中龙主编 . -- 北京 ：中华工商联合出版社，2021.10
ISBN 978-7-5158-3177-0

Ⅰ. ①直… Ⅱ. ①魏… Ⅲ. ①网络营销-基本知识
Ⅳ. ①F713.365.2

中国版本图书馆CIP数据核字（2021）第206630号

直播销售员

作　　者：魏中龙
出 品 人：李　梁
图书策划：李红霞
责任编辑：李红霞　孟　丹
装帧设计：周　琼
责任审读：李　征
责任印制：迈致红
出版发行：中华工商联合出版社有限责任公司
印　　刷：北京毅峰迅捷印刷有限公司
版　　次：2021 年 12 月第 1 版
印　　次：2021 年 12 月第 1 次印刷
开　　本：787mm×1092mm　1/16
字　　数：210 千字
印　　张：13.25
书　　号：ISBN 978－7－5158－3177－0
定　　价：59.00 元

服务热线：010－58301130－0（前台）
销售热线：010－58302977（网店部）
010－58302166（门店部）
010－58302837（馆配部、新媒体部）
010－58302813（团购部）
地址邮编：北京市西城区西环广场 A 座
19－20 层，100044
http://www. chgslcbs.cn
投稿热线：010－58302907（总编室）
投稿邮箱：1621239583@qq.com

PREFACE | 前 言

随着互联网技术、移动技术的全面应用，直播销售作为“线上引流+实体消费”的数字经济新模式，已成为我国经济发展的新热点，社会各界都在以不同的形式参与到这场数字化营销的发展浪潮中。国家及各地方政府陆续出台各类政策大力扶持直播电商产业，并通过成立电商直播协会、建设电商直播基地、培育电商直播人才等方式，打造直播电商产业，着力推进数字经济新模式的发展。据媒体统计数据显示，2020年中国直播电商市场规模达到9610亿元，同比增长121.5%，直播电商用户规模达3.88亿，占网民整体的39.2%。2021年直播销售逐步渗透至网络营销的各个领域，越来越多的政府部门、企业、个人都参与到直播电商营销中，企业在直播销售领域的投入逐渐加大，直播电商整体规模继续保持较高速增长。

直播销售新业态的快速发展，形成了人才市场的巨大缺口，而从业人员整体素质提升也成为直播销售行业实现规范化发展的必然要求。2020年6月28日，人力资源和社会保障部发布9个新职业信息，“互联网营销师”位列其中，并在其下增设“直播销售员”工种。至此，直播销售正式成为一个新的工种。本书由全国工商联人才交流服务中心与北京经济管理职业学院共同编写，目的是帮助直播销售员更好掌握相关理论知识和实操技巧，为该职业的职业培训提供参考。

全国工商联人才交流服务中心是经中央编办批准成立的正局级事业单位，拥有人力资源开发、人力资源培训、人力资源测评等职能，面向全国开展了包括直播销售员在内的职业技能培训工作，并颁发《职业技能证书》。

北京经济管理职业学院是北京市人民政府批准、教育部备案、北京市教育委员会主管的公办全日制普通高等职业学院。学校着力培养德技并修、全面发展，具有首善标准、国际视野、工匠精神的高素质专业化技术技能人才。

本书是直播销售员专用图书，以培养直播销售员的基本营销策划、直播销售、复盘售后能力为核心。通过对本书的系统性学习，学员不仅能了解直播行业的相关基本知识，掌握主流直播平台的特点，还能学习到策划、直播、复盘等直播相关实操技巧，从而为从事直播销售工作奠定基础。

本书可作为直播销售员、互联网营销师等相关职业的培训教材，不同规模的企业、个体创业者打造直播团队的参考用书，以及职业院校、职业培训学校相关专业的教学用书。

编者

2021年9月

CONTENTS | 目 录

第一章

直播
基础知识

第一节 职业道德

所谓职业道德，就是与人们的职业活动紧密联系的符合职业特点所要求的道德准则、道德情操与道德品质的总和。每个从业人员，不论是从事哪种职业，在职业活动中都要遵守道德。直播销售行业是目前快速崛起的一个新兴行业，具有自身的发展特点和时代性，其从业人员必须具有一定的职业道德以更好地适应行业发展的需要。

一 直播销售员职业道德

直播销售员除了要遵守“爱国守法、明礼诚信、团结友善、勤俭自强、敬业奉献”等基本道德规范外，还要根据直播销售工作的职业特点，遵守一些特殊的道德规范。直播销售人员的基本职业道德包括但不限于以下内容：

（1）严格遵守国家法律法规，遵从行业行为规范；

（2）坚持信息传播正确导向，弘扬优秀传统文化；

（3）引导正确的社会责任观，爱岗敬业诚实守信。

直播销售人员的职业守则包括但不限于：

（1）熟悉业务，优质服务；

（2）信息真实，诚信无欺；

（3）规范引导消费，保护消费者权益；

（4）遵从商业伦理，保守商业秘密。

二 直播销售员职业素养

直播销售员的职业素养是指直播销售员在职业活动中所应具备的职业知识技能和行为习惯。目前，直播销售员的职业素养主要由商业素养、新媒体素养和综合素养三部分组成。

1. 商业素养

直播销售作为一种全新的营销模式，本身就是商业活动中的重要一环，因此，从业人员需要具备基本的商业素养，具体包括以下四个意识：

（1）市场意识：在商业活动中按照市场需求提供专业服务，按照市场经济规律谋划发展的意识。

（2）风险意识：在商业活动中对时间、成本、人员、效益等商业运营节可能存在的风险进行预判、规划和应对的意识。

（3）规则意识：在商业活动中自觉遵守商业活动伦理、行业规范和企业制度的意识。

（4）服务意识：在商业活动中为相关利益方、合作方和客户提供热情、周到、主动服务的意识。

2. 新媒体素养

直播销售作为一种全新的营销模式，其创新之处就在于新媒体技术和平台的广泛介入，因此，从业人员需要具备基本的新媒体素养。具体包括以下几个方面：

（1）“网感”意识：对网络时下热点消息的敏感度，对当前趋势的一种判断力。从业人员必须对时事、热点问题具有敏感性，才能对网络语言、网络流行趋势具有一定的判断力和把控力。

（2）视觉化能力：在以视频和图像方式为主导的网络平台，具备以图像化处理为主要方式的网络工作能力。在“注意力”经济时代，赏心悦目的直播现场风格、有格调的背景图片，有美感的画面能够带来良好的传播效果。

（3）信息组织能力：能够在海量的网络信息中识别有效信息并根据自身需求对

有效信息进行组织，以实现有效交流的能力。

（4）创新能力：直播销售员应具备一定的创新意识和创新能力，不断产生奇思妙想，用新颖的内容与形式吸引大众的目光。

3. 综合素养

直播销售作为一种全新的营销模式，尚处在发展阶段，因此需要从业人员具备过硬的个人综合素养，为行业的持续发展提供支撑。结合直播电商行业属性，从业人员应具备的综合素养包括：

（1）团队合作意识：具有良好的团队意识和精神，能够围绕一个统一目标在团队内部进行有效的组织协调工作。

（2）沟通交流能力：能够在事实、情感、价值取向和意见观点等方面采用有效且恰当的方法与对方进行沟通和交流的能力。

（3）分析能力：直播销售员应具有良好的数据分析能力，通过后台阅读、互动、分享、留言评论等大量数据运营工作，了解数据形成的原因并预测发展趋势。

（4）复盘能力：具备通过对某个周期、阶段或时间点的行为和销售情况进行回顾、反思和探究，进一步提升自身思考与行动水平的能力。

（5）抗压能力：能够承受高压工作环境、职业逆境等带来的心理压力，有效调节负向情绪的能力。

第二节 法律法规

一 国家相关法律法规

2020年6月26日，中国广告协会发布国内首份《网络直播营销行为规范》，自2020年7月1日起施行。《网络直播营销行为规范》规定了商家、主播、平台以及其他参与者等各方在直播电商活动中的权利、义务与责任。《网络直播营销活动行为规范》是为营造良好的市场消费环境，引导网络直播营销活动更加规范，促进网络直播营销业态的健康发展，根据《中华人民共和国电子商务法》《中华人民共和国消费者权益保护法》《中华人民共和国广告法》《中华人民共和国产品质量法》《中华人民共和国反不正当竞争法》等法律、法规、规章和有关规定而制定的法规。

《网络直播营销行为规范》明确禁止刷单、炒信等流量造假以及篡改交易数据、用户评价等行为，商家不得发布产品、服务信息虚假宣传，欺骗、误导消费者。网络直播营销活动的参与者包括商家、主播、平台方等，各类主体均需要遵守下列规范性要求。

1. 营销活动所发布的信息要合规

直播营销规范第四条一共列举了九类信息不得发布，具体包括：反对宪法所确定的基本原则及违反国家法律、法规禁止性规定的；损害国家主权、统一和领土完整的；危害国家安全、泄露国家秘密以及损害国家荣誉和利益的；含有民族、种族、宗教、性别歧视的；散布谣言等扰乱社会秩序，破坏社会稳定的；淫秽、色情、赌博、迷信、恐怖、暴力或者教唆犯罪的；侮辱、诽谤、恐吓、涉及他人隐私等侵害他人合法权益的；危害未成年人身心健康的；其他危害社会公德或者民族优秀文化传统的。网络直播营销主体发布直播活动信息，一定要做好内容合规性审核，不得在活动信息中包含前述九类禁止发布的信息，若违反了此规范触犯了相应的法律法规，需要承担相应的违法甚至犯罪责任。

2. 保障消费者合法权益

保障消费者的合法权益受《中华人民共和国民法典》《中华人民共和国消费者权益保护法》等法律的保护，是经营者向消费者提供商品或者服务的内在要求，网络直播营销也不例外。网络直播营销活动应当依法保障消费者的知情权和选择权，也即需要全面、真实、准确地披露商品或者服务信息；严格履行产品责任，依法依约兑现售后承诺；不得利用刷单、炒信等流量造假的方式来虚构或者篡改交易数据和用户评价，虚假宣传，从而欺骗或者误导消费者。

3. 保护消费者的数据信息

个人信息安全不仅关乎到个体权益的保护，同时关乎到国家整体的信息安全，因此个人数据信息的保护在多部法律中均有规定，包括《中华人民共和国民法典》《中华人民共和国网络安全法》《中华人民共和国消费者权益保护法》等，所以网络直播营销主体对于消费者数据信息的保护应当引起重视。《中华人民共和国消费者权益保护法》第29条明确了经营者保护消费者个人信息的义务。具体包括收集、使用消费者个人信息应当遵循合法、正当和必要的原则，同时要明示收集和使用信息的目的、方式和范围，并要经消费者的同意；经营者收集和使用消费者个人信息应当公开收集和使用的规则，这种规则不能违背法律法规的规定和双方的约定；经营者及其工作人员对于收集到的个人信息必须严格保密，不得泄露更不能出售或者非法向他人提供，且需要采取必要的措施来切实保障消费者个人数据信息的安全，防止消费者个人信息的泄露和丢失，若发生或者可能发生数据安全问题，需要及时采取补救措施；未经消费者同意或者请求， 或者消费者明确表示拒绝的，不得向其发送商业性信息。因此，该法律为网络直播营销主体保护消费者的数据信息，提供了明确的操作指引。

4. 商业广告要合规

根据《中华人民共和国广告法》第2条的规定，广告是指商品经营者或者服务提供者通过一定媒介和形式直接或者间接地介绍自己所推销的商品或者服务的商业活动。在直播活动过程中，网络直播营销主体发布商业广告需要遵守广告法及相关规范的要求，否则需要承担相应的民事、行政甚至是刑事责任。广告的合规主要包含两方面：第一，广告内容的规范性要求，例如，广告用语不能使用极值词语、不得损害未成年人和残疾人的身心健康等；第二，广告行为的规范性要求，例如，不得利用不满十周岁的未成年人作为广告代言人、利用互联网发布、发送广告，不得影响用户正常使用网络等。当然对于特定的商品或者服务，需要结合《中华人民共和国广告法》及相关行业广告的规范，做针对性的审核。

5. 正当竞争和知识产权保护的要求

不正当的市场竞争行为严重扰乱了市场的正常经营秩序，因此我国专门制定有《中华人民共和国反不正当竞争法》来制止不正当竞争行为，维护有序、公平的竞争秩序，保护消费者和经营者的合法权益。对于网络直播营销主体而言，其重点需要避免在营销活动中存在以下几类行为：采用假冒或仿冒等混淆手段从事市场交易，损害竞争对手的行为；引人误解的虚假宣传；侵犯商业秘密的行为；经营者以排挤竞争对手为目的，以低于成本价格销售商品；损害竞争对手信誉的行为。知识产权是权利人的一项重要无形资产，受到法律的保护。狭义的知识产权是指商标权、专利权和著作权，根据我国《中华人民共和国著作权法》《中华人民共和国商标法》及《中华人民共和国专利法》的规定，任何人未经许可，不得以商业的目的，擅自使用他人的知识产权，否则需要承担相应的法律责任。近年来，国家逐步加强了对侵犯知识产权行为的打击力度，不仅提高了知识产权侵权的法定赔偿额，同时司法在确定个案的赔偿额方面也有显著的提升。因此考虑到动辄数万元的侵权违法成本，网络直播营销主体在开展直播营销活动之前，有必要对自己产品是否侵犯他人的知识产权进行事先审核，以规避自己的侵权风险。另外，在2019年《中华人民共和国电子商务法》正式实施后，电子商务平台有义务根据法律的规定来构建相应的知识产权保护规则，因此对于允许开展电子商务活动的直播平台而言同样有义务来制定相应的规则，保护知识产权权利人的合法权益。

2021年4月23日，国家互联网信息办公室、公安部、商务部、文化和旅游部、国家税务总局、国家市场监督管理总局、国家广播电视总局七部门联合发布《网络直播营销管理办法（试行）》，自2021年5月25日起施行。《网络直播营销管理办法（试行）》作为贯彻落实《中华人民共和国网络安全法》《中华人民共和国电子商务法》《中华人民共和国广告法》《中华人民共和国反不正当竞争法》《网络信息内容生态治理规定》等重要行政规范性文件，对规范网络市场秩序，维护人民群众合法权益，促进新业态健康有序发展，营造清朗网络空间具有重要现实意义。《网络直播营销管理办法（试行）》关于直播间运营者和直播营销人员做出明确规定，将从事直播营销活动的直播发布者细分为直播间运营者和直播营销人员，明确年龄限制和行为红线，对直播间运营者和直播营销人员相关广告活动、线上线下直播场所、商品服务信息核验、虚拟形象使用、与直播营销人员服务机构开展商业合作等方面提出具体要求。

《网络直播营销管理办法（试行）》提出直播营销人员和直播间运营者为自然人的，应当年满十六周岁，要求直播间运营者、直播营销人员遵守法律法规和公序良俗，真实、准确、全面地发布商品或服务信息，明确直播营销行为8条红线，突出直播间5个重点环节管理，对直播营销活动相关广告合规、直播营销场所、互动内容管理、商品服务供应商信息核验、消费者权益保护责任、网络虚拟形象使用提出明确要求。

《网络直播营销管理办法（试行）》还要求，直播间运营者、直播营销人员与直播营销人员服务机构开展商业合作的，应当与直播营销人员服务机构签订书面协议，明确信息安全管理、商品质量审核、消费者权益保护等义务并督促履行。具体细则见《网络直播营销管理办法（试行）》第三章内容。

案例 1

虚假宣传

所谓虚假宣传是指在商业活动中经营者利用广告或其他方法对商品或者服务做出与实际内容不相符的虚假信息，导致消费者误解的行为。网络直播销售中的虚假宣传主要包括两种行为：一是图文不符，推荐产品与实物不一致；二是夸大宣传，毫无根据地夸大产品功效。

某头部主播在电商平台直播间销售某品牌脱毛仪，后消费者在豆瓣、微博等平台集中反映该产品存在版本不一致的问题，实际收到的产品不是主播宣称的含蓝光消毒功能的版本。本案即“图文不符”的典型表现。相较于传统网络购物的图文详情，直播所展示的信息更为直观和概括，对于产品版本这类与产品功能直接相关的关键信息，主播应当在推荐产品的过程中予以重点说明并严格与所售产品保持一致。主播和商家在接到大量反馈后，最终同意消费者进行退换货处理，并给予一定数额的补偿金。（见图1–1）

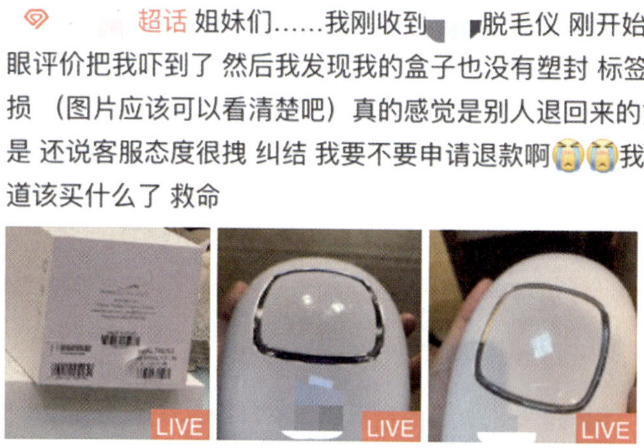

图1–1　用户售后反馈信息

案例 2

夸大产品功效

浙江一公司在某直播平台高人气直播间销售其生产的瑶浴产品，宣称产品可以“祛湿驱寒，疏通经络，护肝养肾”，但产品实际上并不具备上述功效，公司也无法提供有关证明。但商家利用消费者对健康的需求心理，夸大宣传产品疗效，违反了《中华人民共和国反不正当竞争法》第八条的规定，存在明显的虚假宣传。

案例 3

直播刷单造假

浙江金华市市场监管局查处了一起组织流量刷单平台案，有人制作专用流量刷单软件，通过组织虚假交易、组织虚假流量刷单等方式，为其他经营者提升网店等级，提升直播间的粉丝量、点赞数、围观人数等，一年非法获利272.6万元。因违反《中华人民共和国反不正当竞争法》第八条第二款的规定情形，属于帮助虚假宣传行为，监管部门对其处罚款人民币50万元。

案例 4

滥用极限词

极限词是指类似于“最佳”“第一”“顶级”等极端描述性的词语，这类词语本身没有统一的评价标准，极有可能夸大产品的功能和价值，对消费者造成误导。在网络直播电商中，处于信息劣势地位的消费者往往在“限量秒杀”等言语引导下“冲动消费”，这也使主播更倾向使用“极限广告词汇”博人眼球、提振销量。

如某知名主播在进行直播时就出现了“销量第一”等字眼，但他知道直接使用这类广告词是违反法律规定的，他将该类词汇制作成纸板再用红线划掉，还在直播中告知网友这些词汇是违反广告法的。尽管主播用红线划掉了极限词，但是这一行为间接地让公众注意到了有关词汇，仍然涉嫌违规。《中华人民共和国广告法》第九条中明确规定广告不得使用“国家级”“最高级”“最佳”等用语，但在实际中，主播为了规避法律责任会将极限词进行替换，或者通过其他方式间接表达极限词，从本质上来说仍是使用极限词的表现形式。

案例 5

退换货难

根据《消费者保护法》第二十五条规定，直播带货作为新型网络购物方式，应提供七天无理由退换货服务。现实中，某些网络直播电商出于各种理由不遵守该规定，因拒绝售后、限制退货、拒绝退货等问题导致的消费纠纷频发，严重侵害了消费者权益。

长春一位消费者通过某直播平台以1000多元的价格购得两件皮衣，收货后发现皮衣与直播间所展示的完全不一样。当消费者申请退款时，主播不仅没有同意，还将该消费者拉黑。当地消协联系商家后，商家仍不承认产品系其销售。《侵害消费者权益行为处罚办法》第九条规定：“经营者采用网络、电视、电话、邮购等方式销售商品，应当依照法律规定承担无理由退货义务，不得故意拖延或者无理拒绝。”消费者在直播中购买产品，除了某些特殊商品，如定制类、鲜活易腐类、数字化商品、交付的报纸、期刊等，都享有七天无理由退货的权利，主播不应逃避责任，拒绝退货。

注：以上案例内容来源于中国消费者协会百家号，2020年11月7日。

二 直播平台使用规则

在直播销售过程中，除了要遵守相关职业道德和国家的法律法规外，各大直播平台也制定了自己平台相应的规则。下面介绍三大主流直播平台的直播规则。

（一）抖音直播规则

1. 抖音直播内容要求

目前，抖音直播平台的管理主要有“七条底线”要求，即发布内容和信息不可违反或违背法律法规、社会主义制度、国家利益、公民合法权益、社会公共秩序、道德风尚和信息真实性。具体管理细则可查看抖音官网《“抖音”用户服务协议》中的抖音信息内容展示和规范条目。

2. 抖音直播间主播行为规范

直播内容绝对不能涉政、涉教、涉黄赌毒、涉迷信等；主播绝对不能说脏话或跟粉丝互怼抬杠对骂；直播期间绝对不能在直播间展示二维码或口播其他社交软件账号引导非抖音平台交流或资金交易。主播要着装合理、动作适度不夸张，直播语言中避免使用“全球第一”“国家级”“万能”等词汇。

3. 抖音直播带货下单成交注意事项

禁止使用通用或万能链接；禁止在私信中大量群发产品链接；禁止引导用户好评返现。

（二）快手直播规则

1. 用户在使用视频直播服务时，必须向快手提供准确的用户个人资料，如用户提供资料不实，快手有权拒绝提供视频直播服务；如用户个人资料有任何变动，必须及时更新并通知快手进行审核。如因用户提供的个人资料等不实而造成任何损失，由用户自己承担全部责任和损失。

2. 用户不得将其账号、密码转让或出借给他人使用。如因黑客行为或用户的保管疏忽导致账号、密码遭他人非法盗取、使用或遭受损失，快手不承担任何责任；如给快手造成损害，则用户应予赔偿。

3. 用户同意快手有权在提供视频直播服务过程中以各种方式投放商业性广告、非商业性广告、其他任何类型的商业信息和非商业信息，用户必须予以配合，且快手无需支付任何对价，但应尽量减小给用户造成的影响。

4. 用户在使用视频直播服务过程中有任何不当行为，或违反法律法规和快手的相关运营规则，或侵犯第三方合法权益，都由用户自行承担相应责任，快手无需要承担任何责任。如因用户的行为而给快手造成损害的，用户应予赔偿。

5. 用户不得使用直播功能发送或传播敏感信息和违反国家法律制度的信息。

对于主播管理的细则可查看快手官网《快手直播管理规范》中的详细内容。

（三）淘宝直播规则

《淘宝直播管理规则（试行版）》中在信息发布要求与行为规范中要求主播设置账号的昵称、头像、简介、封面图、直播间标题等信息时应遵守国家法律法规和相关发布要求，不得包含涉嫌侵犯他人权利、有违公序良俗或干扰平台运营秩序等相关信息。此外，主播还须遵守《淘宝平台规则总则》对信息发布及行为的相关要求。

在市场管理情形中对主播认证、发布要求、诉讼应对、舆情曝光或行政部门要求、发布违反公序良俗、规则总则或协议的信息五方面内容分别做了详细说明。需要注意的是针对一般违规、严重违规、特别严重违规三类违规内容独立扣分、分别累计、分别执行。一般违规是指发布低质量直播内容、发布不当信息、虚假交易、骚扰他人、不当使用信息、描述不当及违背承诺。严重违规是指发布违禁信息、推广假冒商品、推广材质不符或不合格商品、发布侵权信息、扰乱市场秩序。特别严重违规是指出现一般违规、严重违规情形且情节特别严重的，发布危害国家安全、破坏政治与社会稳定的信息、展示色情信息、违反法律法规且给其他会员或平台造成恶劣影响的和不正当牟利。

详细内容及惩罚办法可查看淘宝官网《淘宝平台规则总则》和《内容市场规则》。

第三节

直播行业发展的不同阶段

直播行业自2016年兴起截至目前大致经历了三个阶段，即初探期、加速期和爆发期。（见图1–2）

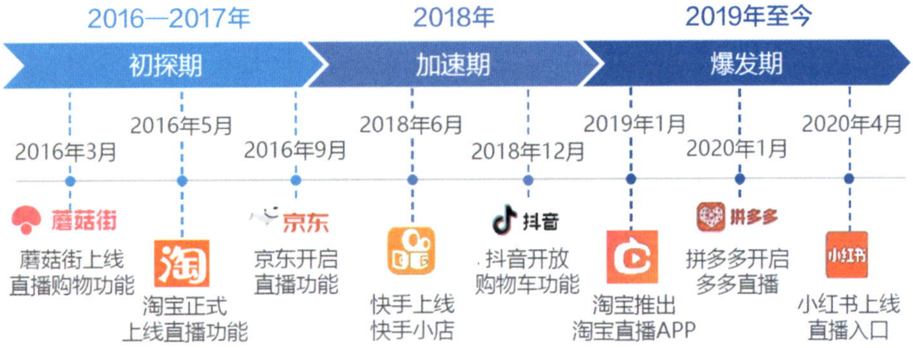

图1–2　中国直播电商发展历程

图片来源：36氪研究院《2020年中国直播电商行业研究报告》。

一　直播电商的初探期（2016—2017年）

伴随着2015—2016年的直播平台浪潮，我国电商直播也于2016年逐步兴起。2016年3月，蘑菇街正式上线直播入口，我国直播电商由此起航。随着4G及移动端的普及，直播加速向娱乐、营销等多元场景渗透。同年，淘宝、京东各大电商平台相继开启直播营销入口，探索拉新、转化新路径，拉开“直播+电商”序幕。2016年“双十一”期间天猫推出的《九牛与二虎 》（见图1–3）、2017年“618”京东打造的《SM 7200秒》（见图1–4）等“类综艺直播”，迎合渐趋年轻化的消费群体偏好，收获较高关注度。

图1–3　2016年“双十一”期间天猫推出的《九牛与二虎 》海报

图1–4　2017年“618”京东打造的《SM 7200秒》“类综艺直播 ”

二 直播电商的加速期（2018年）

2018年之前，尽管直播经过了一段时间的发展，已经形成了一定的规模，但是，当时的直播大多是以秀场直播和娱乐直播为主，许多商家还并没有接受直播这种营销形式。2018年，以快手、抖音为代表的短视频及社交内容平台进入直播行业，从而撬动了流量变现。从跳转第三方购物平台模式到自建商品平台模式，短视频及社交平台依靠强大的先天流量优势，为直播电商按下了加速键（见图1–5）。

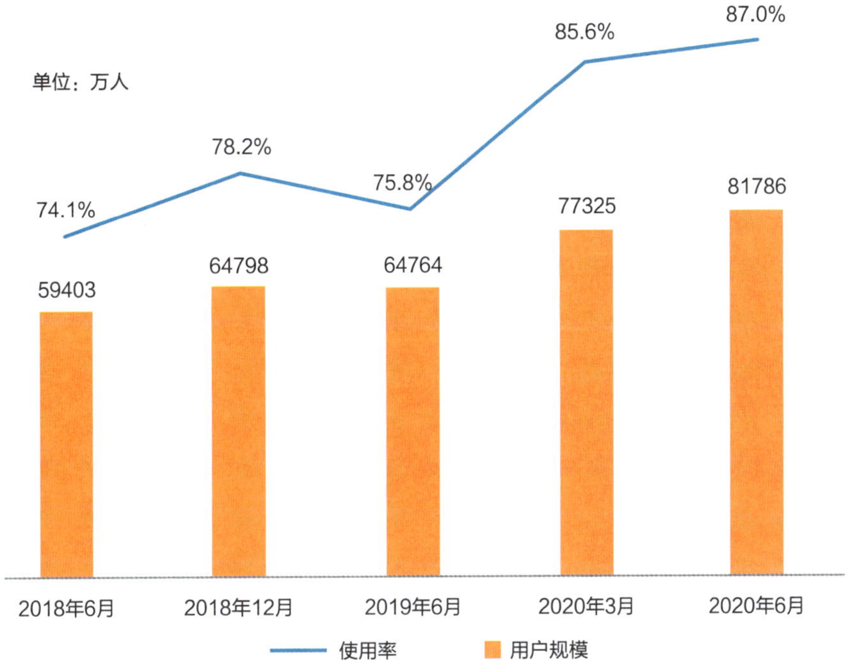

图1–5　2018年6月—2020年6月短视频用户规模及使用率

图片来源：《2020快手用户及营销报告》。

三 直播电商的爆发期（2019年至今）

进入 2019年，平台加码、政策支持、头部主播凸显，推动电商直播进入爆发式发展阶段。2019年下半年，直播电商彻底火爆起来。相关数据显示，2019年的淘宝直播平台主播人数规模已经从2018年的6000人增长到了20000人，签约的直播机构达到

1000家。无数的电商商家，已经把直播列为最重要的营销战略之一（见图1-6）。

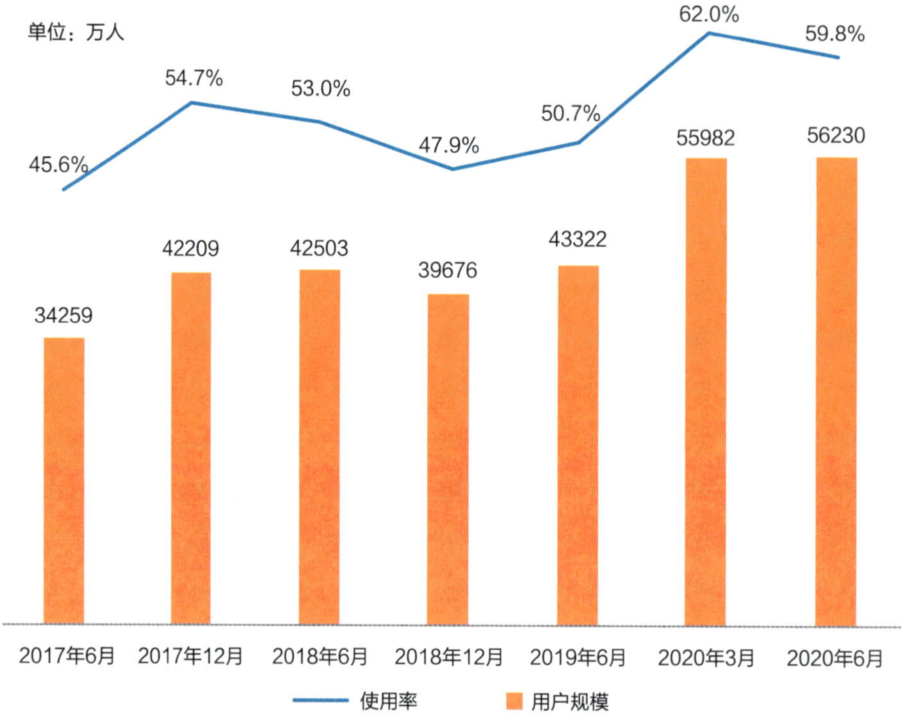

图1-6　2017年6月—2020年6月网络直播用户规模及使用率

图片来源：《2020快手用户及营销报告》。

2020年疫情阴云下的“宅经济”为直播营销渗透率的提升持续“添砖加瓦”。2020年上半年，直播电商相关的投资数量及金额快速增长。由于行业的生态化趋势愈发明显，投融资相关企业涉及产业链的各个环节，其中占比最高的是服务商，主要包括内容营销类服务商、软件服务商、一站式整合服务商，以及MCN（Multi-Channel Network）机构。而电商平台则多为垂直类平台，如古董直播拍卖、二手轻奢拍卖平台等。从最初以内容建设与流量变现为目的起步尝试，产业链逐步完整化、多元化，目前行业处于爆发式增长阶段，交易额陡增，头部流量平台和交易平台持续向直播倾斜资源，直播带货几乎成为各大平台的标配。

截至2020年3月，电商直播用户规模为2.65亿户，占网民整体数量的29.3%。与此同时，各大互联网平台悉数下场，推动直播战事再一步升级。参赛平台主要分成三种类型，第一种是电商平台，如淘宝、京东；第二种是内容平台，如抖音、快手；第三

种是社交平台，如微信。（2020年直播平台情况如图1–7所示）

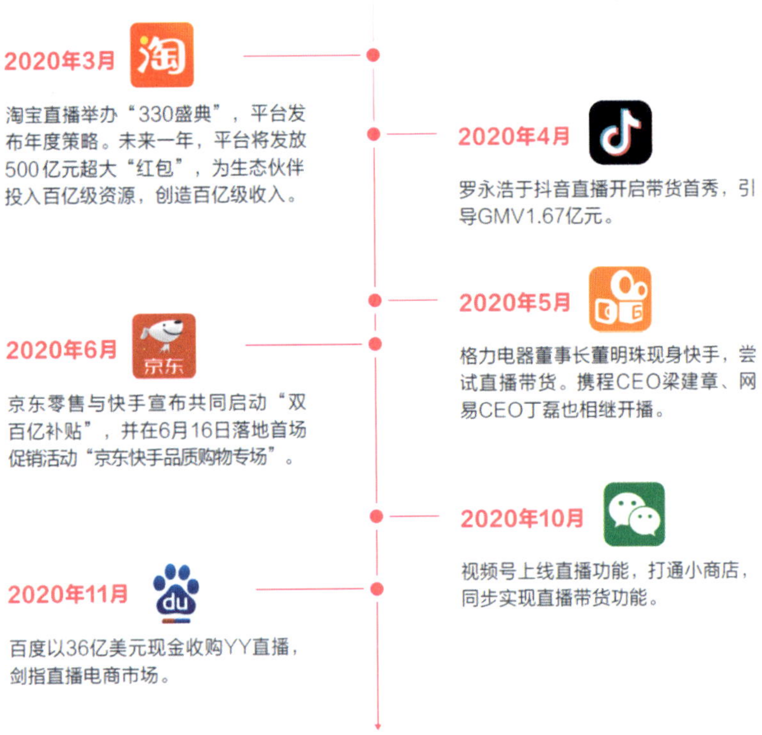

图1–7　2020年度淘宝直播报告

图片来源：《淘宝直播2020年度报告》。

四　直播电商的未来演化[①]

直播电商的爆发，从时间跟空间上来看是疫情加速了直播电商的发展，尤其对于线下实体店来说，疫情时期通过直播卖货是商品销售的重要渠道。直播电商很好地解决了用户与商家之间所见所得问题，让消费者购买时更加了解商品，进而提高转化率，疫情加速了直播电商行业的火爆程度。未来我们可以预测直播电商会有以下趋势：

① 王远飞. 浅谈疫情下电商直播的变化与发展［J］. 经济师，2020（9）：45.

一是科技进步将对行业产生巨大影响。云技术、5G、VR等技术的飞速发展将在供应链管理、用户体验、数据传输方面帮助直播电商行业的发展。

二是全民带货时代到来。未来将是网红KOL+明星入场+数人参与的精准营销，高效转化。营销平台多元化布局从微博、微信等社交平台转移到直播和短视频平台。更多个体网红将变为网红孵化机构 MCN，网红的生命周期不断延长。从“人带货”到“货带货”，货品品质将成转化关键要素。

三是在消费大数据的整合驱动下，粉丝管理将实现精细化运营，网红将更精准地为用户提供服务，用户的转化和复购将得到提升。

四是对于电商网红，未来会更多地从聚焦“头部”到激活“腰尾部”。供应链的覆盖将从美妆、生活日用品拓展到母婴、3C，再到重型机械等全品类。未来更加细分垂直领域的达人成长和运营将得到更多扶持。

第四节 直播营销“人、货、场”的新定义

“人、货、场”概念随着时代的发展已发生改变。起初，我国生产力较低的时代，生产的商品还未满足人们的日常需求，市场以货为本，放置特定场所，人们去购买。这种情况属于“货、场、人”。1980年之后，随着人民生活的改善，人们脱离日常基本需求之外，去商场购物，去饭店吃饭，做生意的人会抢人流量，在核心密集位置做广告，寻找渠道展现商品，被称为“场、货、人”。

目前，人们生活需求已经被高度满足之后，人们的追求发生改变，开始重视服务。在互联网时代“场”的概念优势被抹平，百度竞价、淘宝直通车、抖音等流量都可以花钱获得。“货”的理念也发生迭代，客户越来越看重产品设计、包装、服务等环节。如今大厂很多都倒闭，许多小品牌、个性化品牌、设计师品牌，通过短平快的直播销售，如雨后竹笋般地涌现出来。“人”的概念被空前强化，消费者更加青睐个性化的服务。

新旧商业的核心主体“人、货、场”没有变，但其底层内核被刷新。“人”从消费者升级到了用户、“货”从标准工业品升级到个性化产品、“场”从卖场升级到场景。人、货、场的改变带来了三个商业理念的升级：产品个性化、增值持续化、场景社群化。只有深刻理解这背后的逻辑，回归商业本质，才能实现商业升级和企业价值倍增。直播电商“人、货、场”的重组，带来消费新升级。直播销售过程中，只有把握住“人、货、场”三个关键核心点，才可能使一场直播销售活动平稳、顺利地进行，三者缺一不可（见图1-8）。

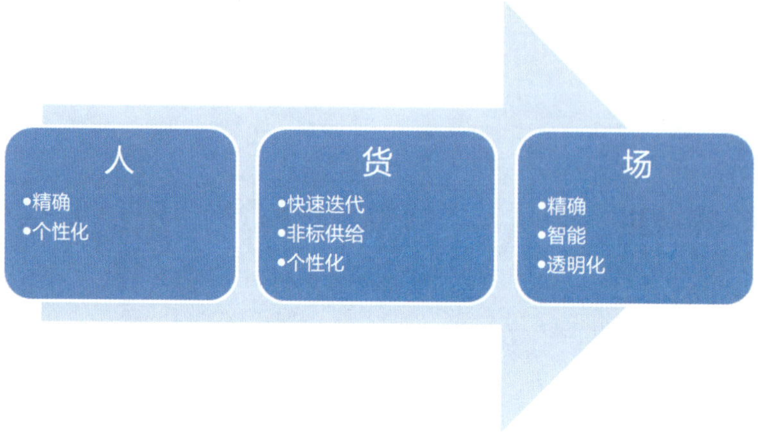

图1-8　“人、货、场”的新定义

直播电商中“人”的角色可以分为主播和商家两种身份。主播需要具备基本的产品销售知识。在直播过程中，可以从容地面对客户和粉丝提出的问题，同时要好好经营有亲和力的人设，并且学习用户心理，营造专业化的直播氛围，在无形中提升客户和粉丝对自己的信任度，并在直播前做好各项准备工作，直播后进行复盘总结。对于商家来说，最重要的是挑选出合适的主播为自己的商品进行直播带货销售工作。

“货”是最重要的因素，货品根据消费者的需求进行快速迭代和个性化定制，物美价廉的产品具有核心竞争力，因此，在选品方面要十分小心谨慎，通过用户需求分析、选择优质货源、供应链管理等方式以保证产品质量和价格最大程度满足消费者的需求。

“场”是指直播所呈现给观众和粉丝的一种直播观看效果。在直播销售中，场具有精准、智能和透明化的特点，“场”充分体现了直播的优势，解决了线上销售不立体无参与感的问题。它不仅包括直播间所呈现给观众的视觉效果，还包括直播间给观众和粉丝营造的气氛心理效果。

案例1

文娱巨头天音互动入局 重新定义直播带货的人、货、场[①]

2020年5月21日，天音互动联手京东京喜举办的“超级买手”购物节正式开幕，并先后在广东、浙江多个城市举办了线下选品会。“超级买手”是天音互动根据京喜旗下超100个产业带和源产地的产品属性打造的一款直播综艺，节目通过溯源直播、超级买手大对决两种内容形式帮助中小企业解决滞销和库存问题，目前已成功为100多家企业带货3亿元。

直播带货浪潮下，以天音互动为代表的内容服务商也开始入局MCN业务。作为深耕文体领域多年的资深玩家，天音互动的这次转身更像是一次“天时地利人和”的自然选择——拥有海量IP、明星资源池，丰富的线上线下运营经验，包括演唱会、音乐会的直播运营经验，这是“人和”；与重要产业带达成战略合作，亲自下场布局直播基地，完善了直播卖货的场，这是“地利”；而今年以来直播带货的成功“破圈”，让所有先具条件的融合顺其自然，则为“天时”。

直播带货提供了一个最佳契机，因为疫情的突然暴发，大量消费企业失去线下销售渠道，产品陷入滞销困境，转而寻求线上卖货。与此同时，传统消费品牌随着人口红利下滑面临增长瓶颈，也开始寻求线上破局。而随着不同身份的玩家入局，这个赛道的人、货、场也开始被重新定义。

“直播卖货是供应链跟着人（主播）跑，人跟着平台跑，平台跟着内容跑。”在天音互动副总裁梁涛看来，内容是天音的武器，而跑赢直播带货这场战争，就是以自己的长板切入，找到人、货、场重叠的那个区域，吃掉最适合自己的那块肉。

① 案例来源：36氪，2020年6月22日。

案例 2

做好淘宝直播的关键：人、货、场共建——以淘宝直播一姐“薇娅”为例[①]

在电商化现在这个以“人”带货的年代，立一个辨识度高，不会被轻易取代的人设，是十分重要的。一个具备了鲜明人设的明星、主播或网红，至少在很长一段时间内是很难被替代和复制的，而且可以形成独特的自我标签。

◎薇娅的人设定位

长期以来，大家对薇娅的“人设”认识，一直是那个无敌的带货女王。在她的直播间，可以买到便宜的好货，所到之处，商品一个不留。很多粉丝对薇娅的喜欢，是从货开始的。而随着这些粉丝消费力的慢慢提高，他们也愿意去尝试更多好货。从2020年开始，薇娅的人设不仅仅是带货女王，更是粉丝的“全球好物推荐官”。为粉丝带来全球好货，让粉丝能够消费到全球各地的好东西，提高生活品质，同时，还可以为大家省钱。

◎薇娅选品成功因素

直播卖货，选品是很关键的因素。在2019年3月21日，淘宝直播排位赛——进口盛典中，薇娅走出直播间，来到韩国，在化妆品的“原产地”进行直播。

在明洞，韩国化妆品最有代表性的购物街，薇娅和精选出来的60个品牌的老板、产品经理直接面对面沟通，确保所有的产品都是正宗，没有假货，从源头上解除消费者顾虑。

而且，薇娅在直播过程中，还会把直播间产品的售价，和明洞产品线下专卖店的售价进行对比，让粉丝非常直观地感受到价格上的优惠，足不出户，就可以买到比韩国当地还便宜的化妆品，还有什么比这个更有吸引力的呢？

有的产品，如果价格没有达到薇娅的预期，薇娅就会让团队和品牌砍价，砍到满意为止。

① 案例来源：搜狐网，2019年4月1日。

◎增加“场”的新鲜感

虽然淘宝直播只要有个场地，架个手机就可以直播，但是其实一个直播间对于粉丝的留存非常重要。直播间的颜面，就好像一个人的外貌，是通过整体设计风格，布景、灯光、高清设备等来体现。

薇娅长期在直播间直播，对她的粉丝来说，肯定存在着一定的审美疲劳，而韩国之行，通过直播镜头，她带大家逛明洞、尝美食，踩点品牌的线下门店，还有韩国明星受邀助阵，这都给消费者带来新鲜感。

在这次直播中，一晚上5个小时，薇娅的粉丝买走85万单产品，销售额1.1亿元。“爱敬钻石气垫套盒”销售件数117073件，销售额1850万元。韩国“美迪惠尔防晒喷雾”销售件数131258件，销售金额1037万元。这轰动了整个韩国化妆圈，要不是货不够卖，销售额远不止1.1亿元。这样的销售额，连韩国的媒体都惊呆了，直呼不可思议。

“场”实地场景直播很早就有了，尤其以翡翠、珠宝、珍珠等最为常见，镜头前的主播直接穿梭在批发市场，现场砍价，手机前的粉丝要是认可，直接下单购买。农产品的直播，场景的选择也是丰富多样，有田间地头、家庭厨房，还有工厂批发处。直播销售场不仅仅局限在直播间，走到商品的原产地，让客户真实看到产品的来源，增加了“场”的丰富感，同时增强消费者购买的意愿和信心。

要做精做好直播，一定是需要人、货、场三方面配合共建。直播哪方面出了问题，都离不开对人、货、场的思考，通过薇娅的案例希望能给你一些启发。

第五节 其他相关行业知识

直播电商是企业和商家为实现精准化营销，通过直播形式拉近用户和产品的距离，具有强交互性和社会性的一种电商营销新模式。直播销售员是随着直播电商发展应运而生的一种新职业，因此直播销售员不仅需要了解直播行业的法律法规、遵守相关职业道德，还应该熟悉相关电子商务、网络营销及客户消费心理等相关知识。

一 电子商务

电子商务作为一种新型交易方式，给消费者购物带来了便利，改变了人们的消费和生活习惯，以全新的方式推动着经济发展。随着互联网技术的飞速发展和普及，我国电子商务迅猛发展，已经成为我国经济社会发展重要的市场新形态和经济新增长点。

电子商务涵盖的范围很广，交易对象主要是企业、个人和政府部门。按交易对象可将电子商务划分为5种类型，即企业对企业（Business-to-Business，即B2B），企业对消费者（Business-to-Consumer，即B2C），个人对消费者（Consumer-to-Consumer，即C2C），企业对政府（Business-to-Government，即B2G），个人对政府（Consumer-to-Government，即C2G）。

电子商务的基本组成要素包括网络、用户、商家、认证中心、银行、配送中心等（见图1-9）。

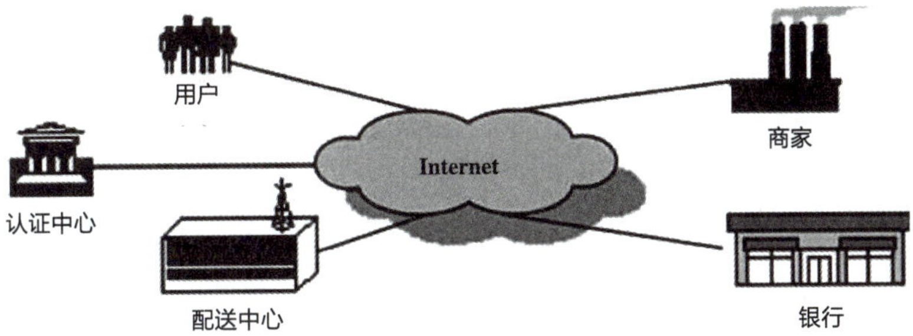

图1-9 电子商务基本组成要素

注：图片来源于百度。

电子商务可提供网上交易和管理等全过程的服务，具有广告宣传、咨询洽谈、网上订购、网上支付、电子账户、服务传递、意见征询、交易管理等功能。

近年来，我国电子商务迅速发展，10年间电子商务交易额增长了10倍，成为“互联网+”发展最快的领域，并已影响到各行业各领域，网络零售、跨境电子商务、在线生活服务、互联网金融等已成为扩大消费的亮点、经济转型升级的新引擎。

直播带货目前成为电商时代的主流，将电子商务推向新的高潮，电商直播最大化地利用了直播的实时传播作用和互动性，感兴趣的用户可以直接向主播咨询产品相关问题，有效提升用户体验和转化率，更容易引导用户的消费行为，越来越多的商家看到了电商直播的商机，纷纷加入争夺电商直播的红利中。作为直播销售员应了解电商直播作为电子商务发展过程的一种新模式，具有电子商务的本质特征，电子商务的整体模式是一个交易的整体过程，涉及网络、用户、商家、认证中心、银行、配送中心等多个要素，直播销售过程中应熟悉每个要素相关的基础知识和法律法规。

二 网络营销

网络营销是电子商务时代网上营销的主要方式。它是基于互联网络及社会关系网络连接企业、用户及公众，向用户及公众传递有价值的信息和服务，为实现顾客价值及企业营销目标所进行的规划、实施及运营管理活动。常用的网络营销方法有搜索引擎营销、网络广告、微信营销、H5营销、内容营销等。在新媒体时代，直播营销已经成为一种新的网络营销，受到人们更多的青睐。直播是一种时效性及互动性非常强的网络传播方式，通过文字、图片、视频与用户进行紧密联系，实现产品精准的宣传和推广。直播销售员不仅要熟悉网络营销的知识和特点，特别需要关注直播营销的方法和技巧，例如，如何定位客户群体、如何进行选品、怎样设计直播话术、如何进行预热引流以及短视频制作技巧等相关知识。

三 消费心理

直播销售作为一种新媒体时代的营销方式，可以加深用户的参与度，更需要精准地把握用户需求，了解受众的需求，根据受众的心理需求，通过主播的影响力来吸引受众。因此直播销售员需要了解直播受众的消费心理学的相关知识。

消费心理与消费行为是客观存在的现象，通过用户消费心理的研究，找出其中的一般规律能够更好地为市场营销服务，通过学习消费心理学有利于满足消费者的需求，正确引导消费者消费。消费心理学研究内容主要包括四个方面：研究消费者的心理活动过程、研究消费者的个性心理特征、研究消费者的购买决策过程和研究影响消费者购买行为的因素。

直播电商自2016年出现后，在短短几年时间里成为一种重要的经济和文化现象，从消费者角度看，究竟是什么样的心理因素在驱动这一行为？[①]

第一种是实用型消费。看网红直播，不仅可以节约自己选择的时间成本，还可以以更低的价格买到更优质的商品。这种消费心态在直播电商最初兴起的淘宝是最多的，后来的蘑菇街直播购物也是这种心态较多，节约时间和买到更便宜的商品是消费者的两大诉求。

第二种是社会交往型消费。这类消费不仅是为了实用性，也是为社交需要和分享

① 资料来源：《中国新闻出版广电报》。

而看直播电商，进而产生购买行为。看网红直播电商可以获得相关商品信息，了解网红是如何介绍商品特点的同时，也可以了解其他人是如何议论商品的。在电商直播过程中可以通过发送弹幕与主播和用户进行互动。通过直播获取的信息也能够在其他场合中参与相关话题的交流，在完成购物后也可以和朋友分享经验。

第三种是粉丝型消费。价格、适用性等商品属性不是这类消费的主要目标，更多的受众是因为追星而成为直播电商平台用户，进而成为消费者。如2020年4月1日晚8点，罗永浩在抖音首次直播带货，利用他的人气和影响力，在持续3个小时的直播中，交易总额超1.1亿元，累计观看人数超4800万，创下抖音直播带货的新纪录。

第四种是场景型消费。逛街是线下的一种生活方式，即使不买什么，很多女性也把逛街当作一种乐趣。观看网红直播带货，可以看作在虚拟网络空间的一次“逛街”，用户进入“逛街”场景之中，即使不买什么，同样可以感受到“虚拟逛街”的乐趣。直播电商是现实生活场景的一个构成部分，有时间就看看，不在乎下单数量，而着力于营造网上“逛街”的气氛。新冠肺炎疫情期间，直播电商这种“逛街”式场景消费更是成为线下逛街的一个重要替代。

第五种是情感型消费。指基于特定情感而产生的购物行为。新冠肺炎疫情期间，一些平台推出帮助湖北农产品销售的直播电商，网民支援湖北，直播电商获得口碑和收益。如2020年4月8日下午，抖音“市长带你看湖北”活动首场直播，武汉市政府党组成员李强走进抖音直播间，向网友介绍武汉经济重启和复工复产情况，并推介良品铺子、蔡林记等知名湖北企业产品，当日销售额达1793万元。抖音的巨大流量和影响力，将地方官员直播电商代言再次推向一个高潮。2020年4月6日，央视主持人朱广权和网红李佳琦共同做了一场名为“谢谢你为湖北拼单”的网络直播，累计卖出价值4014万元的湖北商品。

练习题

一、单选题

1. 电商直播从业人员的职业素养应包含以下哪些部分（　）

A. 商业素养

B. 新媒体素养

C. 综合素养

D. 以上都是

2. 下面符合直播平台标题规范的字眼是（　）

A. 万能

B. 绝无仅有

C. 口碑

D. 全球第一

二、判断题

1. 网络直播营销活动不得利用刷单、炒信等流量造假的方式来虚构或者篡改交易数据和用户评价，虚假宣传，从而欺骗或者误导消费者。（　）

2. 时代发展至今，“人、货、场”的概念和底层内核从未改变。（　）

三、问答题

请写出3条直播销售人员应具备的基本职业道德。

参考答案

一、单选题

1. D；2. C

二、判断题

1. √；2. ×

三、问答题

（1）严格遵守国家法律法规，遵从行业行为规范；

（2）坚持信息传播正确导向，弘扬优秀传统文化；

（3）引导正确的社会责任观，爱岗敬业诚实守信。

第二章

直播准备

第一节 三大主流平台及特点

一 抖音

抖音，是由今日头条（字节跳动）孵化的一款音乐创意短视频社交软件。该软件于2016年9月20日上线，是一个面向全年龄的音乐短视频社区平台。它以六大特性（广泛性、精准性、便捷性、快速性、社交性、持续性）和四力（传播力、引导力、影响力、公信力）来判断抖音短视频是否具备传播价值。

抖音以短视频加音乐的形式将各种题材的内容传输给用户，用户可以观看大量丰富多彩、创新与趣味并存的优质内容，并且因为是短视频，占用的时间短，不会引起用户不耐心理。

目前很多抖音内容很容易让用户群体产生情感共鸣，找到志同道合的朋友，间接增加用户与用户之间的互动。用户的社交需求得以满足，就会增强用户对抖音的满意度，从而增强用户对抖音的黏性。

（一）抖音用户群体

根据互联网抖音用户数据分析，抖音的用户群体地域位置最主要集中在一二线城市，年龄层次主要为20～30岁左右的年轻人（“95后”“00后”），受教育程度主要集中在本科以上，用户群体消费能力较强。

抖音一直以来的运营模式是聘请流量高且受年轻人喜爱的明星入驻平台，通过赞助年轻人比较喜欢的娱乐节目进行广告宣传来吸引更多的年轻用户群体关注抖音。

（二）抖音平台特点

1. 智能算法精准推送

抖音后台基于智能算法，根据用户的个人兴趣与喜好、浏览历史、身份标签、地理位置等用户画像信息进行个性化内容推送，减少对用户的干扰，还可以帮助广告主找到精准用户。

2. 表达内容草根化

抖音用户均可以根据意愿和期望目标自行创作剧本，拍摄短视频并上传，展示个性、表示才能、表达观点，以此获得他人的关注和认可。

3. 传播内容本土化

抖音海外版的名称叫TikTok，覆盖全球150多个国家，内容与国内版进行分割。国内版抖音的传播内容立足国内，有丰富的本土化创作主题。

4. 平台流量大

抖音平台的用户量大。据报道，2021年第一季度抖音主站+抖音极速版+抖音火山版三个端口的日活峰值接近7亿，平均值超6亿。抖音用户边界不断拓展，用户更加丰富多元化，用户活跃度高、使用频次高，使得用户对抖音平台的使用黏合度强（见图2–1）。

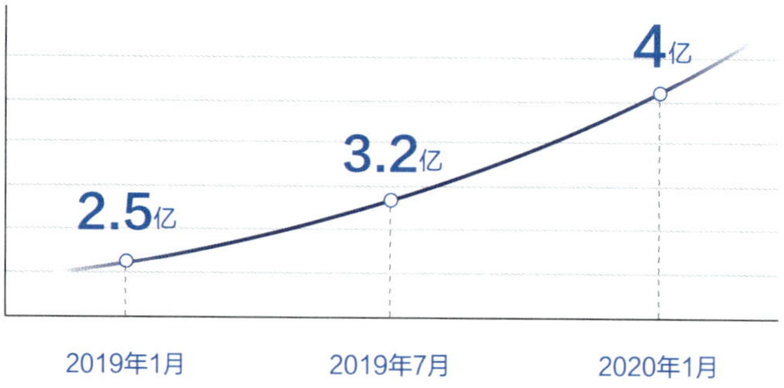

图2–1　抖音3年日活用户数据增长

数据来源：《2019抖音数据报告》。

二 快手

快手是北京快手科技有限公司旗下的产品。快手的前身叫“GIF快手”，诞生于2011年3月，最初是一款用来制作、分享GIF（图形交换格式）图片的手机应用。2012年11月，快手从纯粹的工具应用转型为短视频社区，用于用户记录和分享生产、生活的平台。后来随着智能手机的普及和移动流量成本的下降，快手在2015年以后迎来市场。

快手本身是一个短视频平台，而直播是衍生品，因为目前直播比较火热，所以快手的直播电商现在也处于白热化的阶段。快手电商平台推出“源头好货”，主打货源的低价策略。快手电商平台为上游提供了一个专门的下游渠道，再通过中游（MCN机构+主播）联动，最终形成产业链闭环。2020年11月5日，快手正式向港交所主板递交上市申请，冲击“短视频第一股”。

（一）快手用户群体

快手用户群体主要集中在三、四线城市及农村，呈现年轻化特征，24岁及以下的人群和25～30岁的人群占比分别达到了49.81%、27.48%，且男性占据了较高的比例。中国快手使用人群的收入普遍不高，月收入在5000元以下占比约为三分之二，这与快手坚持的主线——“专注普通人的生活，给普通人展示自己的舞台”有关（见图2-2）。

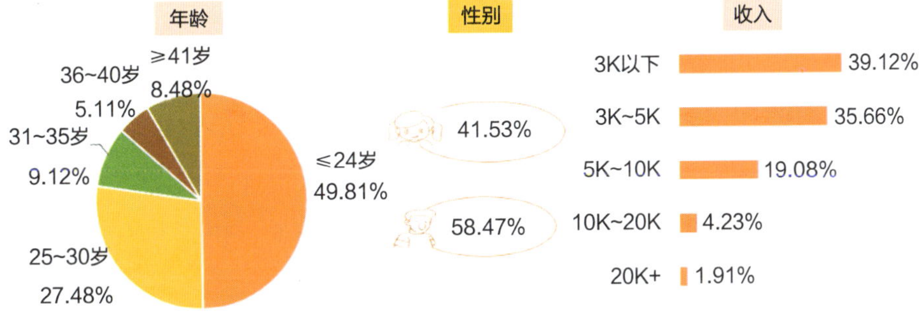

图2-2 2020年10月中国快手人群用户画像

数据来源：艾媒网，2021年1月29日。

（二）快手平台特点

1. 以乡镇为主

在快手上有大量工厂、原产地、产业链上的主播，他们的直播内容也紧紧围绕自身属性。比如，很多主播会直播自家的果园、档口、店面，强调产品源自“自家工厂”，这种直接展现产品源头、产品产地的卖货方式，可以让消费者对产品有更直观的了解，从而提升他们对产品的好感度和忠诚度。下沉市场的用户黏性极高，有助于提升转化。而且对于下沉市场的高渗透率，恰恰避开了一二线城市的流量红利，使得快手带货在三线及以下城市的带货力得以发挥到最大。

2. “普惠式”算法

快手作为短视频内容输出APP，其一直秉承去中心化的底层设计理念，虽然之前有被央视点名过的历史，但是快手整改及时，并反思了算法缺陷，同时扩充了自己的审核团队，最终坚守了公平算法，做到了让每个普通人看得见的初衷。就是这种“普惠式”的算法，才使得很多做内容电商的商家得以崛起，因为一个新用户的内容不会石沉大海，哪怕只有极少的播放量，也会让新用户受到极大的鼓舞，继续在快手平台创作传播自己的内容。

3. 超级日活用户数量

快手在2020年平均日活跃用户为2.646亿个，每位日活跃用户日均使用时长达87.3分钟。

4. “老铁经济”和“家族文化”，用户黏性强

快手拥有独特的“老铁经济”，带来了极高的电商转化率。老铁之间的强信任关系，让快手直播电商的平均转化率在30%左右。

此外，快手相较于其他平台有着天然的主播矩阵优势。家族文化和师徒文化构建起许多受众庞大的主播矩阵。主播号召力强，粉丝忠诚度高，快手系主播矩阵是直播界的强力军。

5. 快手电商的平台配置、门槛低，全民带货

相对于其他电商直播平台，快手无论是在界面还是流程设置上，都可以看出来鼓

励用户开通并进行直播，商家或个人用户都有机会在快手平台上实现价值并通过努力得到相应的回报。

三 淘宝

淘宝直播是阿里巴巴推出的直播平台，定位于“消费类直播”，用户可边看边买，涵盖的范畴包括母婴、美妆等。从淘宝的本质上来讲，它就是一个购物的平台，其主要用户是有精准目的的人。这类人群是因为有着目标才会打开淘宝，这就使得淘宝直播的主播更类似于“导购员”的角色，这属于用户挑选商家的一种模式。主播通过淘宝直播平台，可以“光明正大”地推广自己的产品，因为淘宝本来就是买卖产品的，而来到淘宝看直播的人，已经从心理上接受购物这个概念，所以淘宝的直播转化率比较高。

淘宝直播的特点是产品覆盖广、市场覆盖广、强电商弱娱乐。淘宝上多是做生意的商人，货品类丰富，主要时间都在忙着卖货，基本没有时间和精力研究娱乐性质的内容。淘宝直播电商生态循环见图2-3。

图2-3 直播电商生态循环

图片来源：毕马威联合阿里研究院报告《迈向万亿市场的直播电商》。

淘宝作为电商界的龙头，对于主播和MCN的吸引力都是最强的。2020年，淘宝有177位主播带货过亿元。淘宝为优质中小主播开放支持计划，其中最重要一项就是帮助优质主播对接MCN机构。平台筛选过后的主播再接受专业团队的包装运营，这不仅能为MCN的主播矩阵提供新生力量，也让MCN与平台的联系更加紧密。2020年主播数量同比2019年增长661%。（见图2-4）

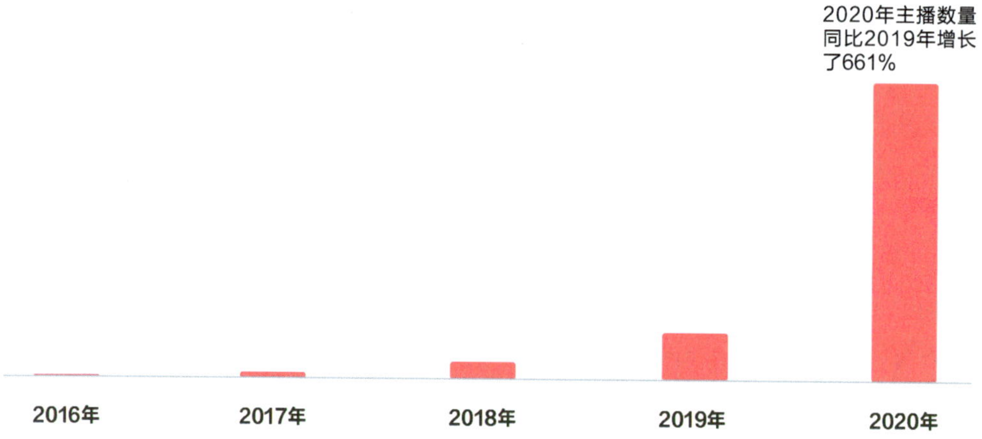

图2-4 淘宝直播年度主播数量

数据来源：《淘宝直播2021年度报告》。

（一）淘宝用户群体

从年龄上来看，淘宝直播用户群体集中在“80后”“90后”，其次是“70后”，而“00后”也占了相当的比重。从城市分布上来看，淘宝直播用户群体在一线城市北上广深人数较多。用户偏好上，“70后”用户更偏好家纺、家居、家电等类目，“90后”更偏好美妆产品，“00后”尤其偏好3C数码、运动户外。一二线城市更偏好美妆、本地生活，五六线城市更偏爱女装、汽车。

（二）淘宝平台特点

1. 直播品类多，受众范围广

淘宝直播是淘宝平台孵化的直播平台，依托淘宝电商平台资源，淘宝直播基本覆盖了所有行业类目，受众范围非常广泛。目前直播带货形式得到大家普遍认可，几乎所有淘宝商家都有开通直播功能。

2. 及时性

淘宝直播平台具有很强的及时性，用户无论是在直播中评论留言和主播进行沟通，还是通过客服功能进行沟通咨询或寻求售后，都能够获得相对及时的回复，用户体验好，对转化率有很大的帮助。

3. 互动性

淘宝直播信息交互具有极强的互动性，目前多数淘宝商家主播大多承担了线下导购的角色，为用户介绍产品、解答疑问、引导下单，此外平台还有很多互动功能的设计，用户可以随时参与商家互动。

4. 获取渠道多样

淘宝直播目前支持的获取渠道多样，用户可以通过台式电脑、笔记本电脑、平板电脑、智能手机等渠道获取淘宝直播内容，能够在线及时观看直播。

5. 流量大，后台算法支撑

因为淘宝本身就拥有很精准的购买流量，所以转化率相对较高。另外，淘宝直播是基于大数据算法的，直播效果在后台有一系列数据做支撑，主播可以根据数据进行调整优化。

第二节

开通直播及设置直播间封面与标题

一 三大主流平台直播开通权限

（一）抖音直播开通权限

抖音个人注册账号后，通过实名认证即可开通直播权限。如需开通直播带货功能，需要开通视频购物及商品橱窗（见图2–5、图2–6、图2–7）。需满足的开通条件有：

图2–5　抖音开播认证

图2–6　抖音开通商品分享权限和开通小店（创作者服务中心——商品橱窗）

图2–7　抖音添加商品（商品橱窗）

（1）粉丝数量超过1000人；

（2）个人发布视频作品超过10个。

满足条件后，缴纳商品分享保证金即可开通直播带货功能。

由于抖音平台入驻和开通直播的规则随时有可能会产生变化，想要在抖音平台开通直播，需要认真阅读平台上最新的月度《抖音主播入驻协议》，以了解官方直播权限相关要求。

（二）快手直播开通权限

个人注册账号后，通过实名认证即可开通直播权限。目前，开通快手直播权限需满足以下4点：

（1）连续观看视频7天；

（2）至少发布公开作品一个；

（3）粉丝数大于6个；

（4）通过实名认证且年满18岁。

如需在直播中挂货（开通小黄车），需要开通快手小店及推广权限。快手平台目前支持的货源形式有3种：①商家自有商品；②第三方平台商品（有赞、魔筷、京东、淘宝等）；③快手好物联盟商品。无论是自己拥有货源的商家还是普通用户，都能够很容易在快手平台进行直播带货。

快手平台规则也会经常性地进行调整，入驻及开通直播带货功能需按照最新官方引导操作。（见图2-8、图2-9、图2-10、2-11）

图2-8 快手直播开通

图2-9　快手直播上传封面

图2-10　快手小店开通

图2-11　快手推广权限开通

（三）淘宝直播开通权限

1. 淘宝直播达人入驻要求

（1）如为个人，须完成支付宝个人实名认证，且年满18周岁（同一身份信息下只能允许1个淘宝账户入驻）；

（2）如为企业，须完成支付宝企业实名认证（同一营业执照下允许≤10个淘宝账户入驻）；

（3）如淘宝平台卖家申请成为达人（可推广他人商品），须同时满足：①本自然年度内不存在出售假冒商品的违规行为；②具有一定的店铺运营能力和客户服务能力；③经淘宝平台排查认定，该账户及其实际控制人的淘宝平台账户未被淘宝平台处以特定严重违规行为处罚或未发生过严重危及交易安全的情形。

如入驻淘宝直播平台成为达人主播，除上述要求外，还须满足：①达人账户状态正常；②根据平台要求完成认证；③具备一定的主播素质和能力。

2. 淘宝直播商家入驻要求

（1）在淘宝平台开设店铺，且店铺状态正常的商家；

（2）根据平台要求完成认证；

（3）店铺具备一定综合竞争力；

（4）具备一定的主播素质和能力；

（5）近30天店铺DSR评分三项≥4.5分；

（6）近30天内店铺纠纷退款率不超过店铺所在主营类目纠纷退款率均值的5倍或纠纷退款笔数≤5笔；

（7）近30天内店铺品质退款率不超过店铺所在主营类目品质退款率均值的3倍或品质退款笔数≤5笔。

淘宝网个人店铺卖家，还须符合：①店铺信用等级为1钻及以上；②主营类目在线商品数≥5，且近90天店铺成交金额≥1000元；③符合《淘宝网营销活动规范》；④本自然年度内不存在出售假冒商品的违规行为。

3. 达人或者个人直播权限申请

（1）入驻淘宝达人（见图2-12）

①入驻；

②填写资料及绑定账号；

③确认自己专长的项目和类别。

（2）成为大V达人

①发布内容超过5条；

②粉丝数量超过100；

③内容质量分超过20分；

④注册阿里妈妈以获得结算权益；

⑤开放获得佣金（CPS）及酬劳（CPC）。

图2-12 淘宝主播入驻

（3）取得直播渠道权限

①成为大V后，发布最少一条视频内容；

②需符合视频内容规范；

③在WE后台“达人成长”里面点击中申请“淘宝直播”权限。

4. 浮现权

无论是商家还是个人，注册淘宝主播都不要忘记开通浮现权，淘宝直播浮现权限就是可以在淘宝直播频道曝光的一个资格，卖家或者达人获得这个资格才可以得到更多的曝光，继而得到更多的流量。

淘宝直播入驻、权限开通规则和浮现权要求，自从淘宝直播功能上线以来，经过几次调整，实际开通时需要仔细了解官方最新淘宝主播入驻规则。

二 直播间封面及标题设置

通常情况，直播用户第一眼看到的是直播封面，对内容感兴趣就会点击进入直播间。好的直播封面可以吸引更多的用户点击观看直播，为直播间有效吸引流量。

直播封面分为封面图和直播标题两部分。下面为大家介绍封面图拍摄技巧以及直播封面爆款标题书写技巧。

（一）直播封面图拍摄技巧

在设计直播封面图的时候，主播首先要考虑的是平台规定的封面图尺寸。以淘宝直播为例，直播封面图的建议大小为750×750，最小不能小于500×500，要保证图片清晰、明亮、有吸引力，图片上不应该出现文字，但可以在标题上表达出来。

除了遵守平台要求外，直播团队在设计直播封面图时，还应该遵守下列七大注意事项：

（1）图片上不要出现文字；

（2）不要出现拼接图、边框图；

（3）图片色彩要明亮，主题要突出，不要过于花哨；

（4）尽量保持图片完整，构图合理，图片与标题协调；

（5）尽量不要选择有大面积白色背景的图片，保持背景颜色干净，整洁；

（6）不要所有的直播都用一张图片或者类似的图片做封面图；

（7）封面图中如有除主播外的人物或使用明星、名人图片，需要提前获取肖像权和版权。

除了上述直播封面图的七大注意事项以外，我们还需要注意的是，有的直播平台会在直播封面上有一些图标的显示，如播放按钮、观看人数等，主播在制作直播封面图时应考虑到平台封面的展示情况，以免影响封面图的展示效果。

此外，当涉及一些垂直行业时，直播团队在做直播封面图时还应该考虑到垂直行业自身的属性和产品特点。例如，服饰类产品，封面图选用的图片最好是服饰经过搭配后的效果照片；又如，美妆类产品的直播封面图通常是主播画好精致妆容的，通常会比直接放产品照片效果更好（见图2-13、图2-14）。需要再次提醒的是，直播封面图使用的照片一定要注意版权问题，使用拥有版权的照片。

图2-13　直播封面样例1

图2-14　直播封面样例2

（二）直播爆款标题书写

1. 爆款标题的特点

好的直播封面标题可以吸引观众注意、让观众对直播内容产生兴趣，从而进入直播间观看。在学习如何书写爆款标题之前，先来了解一下，好的直播标题都具备哪些特点。

（1）精准突出主题：直播间封面最重要的还是要符合自己的直播风格和主题，一定要精准，能够准确地传达直播主题，让目标用户快速了解到直播的核心内容。

（2）内容符合实际：直播封面标题一定要从实际出发，切忌虚假宣传、夸大事实，导致直播内容和封面标题严重不符。这会影响到用户对主播的信任程度，从而降低对产品的期望值，影响产品销售效果，严重的还会引来平台的限流甚至封号。

（3）引发用户共鸣：好的直播封面标题是能够用简短的语言吸引用户的关注，从用户角度出发，切中用户日常工作、生活、学习中的痛点，让观众产生共鸣，进而愿意进直播间进行深入了解。

（4）富有创新创意：加入一些富有创意的元素也是好的直播封面标题的一大特点。大多数直播封面标题都是千篇一律，如果能够在标题上进行创新，更容易让自己的直播封面脱颖而出，吸引更多的关注，从而更好地达到为直播间吸粉引流的目的。

2. 爆款标题的类型

虽然用户的喜好各有不同，但是爆款标题的书写还是有规律可循的。总结起来，爆款标题通常有以下四大类型：

（1）实惠型：实惠型就是直接列出产品优势（比如价格低、品质好），让用户看一眼就能够迅速了解产品的卖点，吸引用户点进直播间观看直播。例如，某日用类商店的直播封面标题是《仓库搬迁，大豆被1折狂甩！》在这个标题里，价格优势就是本次直播产品的卖点，用户看到会被超低的折扣优惠吸引从而点进直播间了解更多信息，如果产品和价格合适，很有可能会实现成交。

（2）效果型：效果型的标题就是告诉用户在使用直播间销售的产品后会达到什么样的效果，从而打动用户，吸引用户点进直播间观看。例如，某大码服装店的直播封面标题为《胖妹妹时尚显瘦穿搭》，短短几个字可能会有非常好的引流效果，有需要通过穿着搭配达到显瘦目的的女生看到标题，就很有可能会点进直播间进行观看，从而使直播间流量增加，并成为潜在成交用户。

（3）热点型：这里的热点不仅包括社会大事件，还包括各种节日、产品最适合使用的场景等信息。例如，在春节来临之际，许多主播的直播内容和推荐的产品都会与春节有一定的相关性，借此来吸引用户走进直播间观看并购买产品，直播间封面标题就可以这样写《最好的年货就在这里！》《春节省钱攻略》等。这种类型的标题契合当下热点和用户需求，很容易吸引用户进入直播间进行下单。

（4）生活型：生活型的直播封面标题比较接地气，容易拉近主播与用户之间的距离。例如，某卖零食的主播就拟定了这样一个直播标题：《零食节一起“干饭”啦》。这样的直播标题就像是一个朋友在邀请你一起去吃他推荐的零食，用户看到标题仿佛受到好友的号召，会主动点进直播间。

3. 爆款标题的书写技巧

新手主播在书写爆款标题时，除了参考以上讲到的特点和类型外，还可以运用书写手法技巧来吸引用户关注，加强标题为直播间的引流作用。

（1）生活用语：在直播封面标题中使用生活化的用语，能够有效营造出轻松自然的氛围，拉近与用户之间的距离，在众多直播封面标题中会显得格外亲切。例如：《零食节，快来778~》。

（2）标点符号：标点符号通常会给平淡的标题制造一些情绪起伏的效果。在直播封面标题中使用感叹号和问号来表达自己的情绪，可以给用户带来一种震撼的感受，很容易带动用户的情绪，从而引导用户点击进入直播间。例如：《全球限量！不心动？》。

（3）颠覆用语：人们对很多事物有既有的认知，比如好的东西价格就会高。直播封面标题使用颠覆用语能够有效地吸引用户们的关注和思考，从而点进直播间了解更多信息。例如：《原来好的童装可以这么便宜！》。

（4）修辞手法：一般情况下，使用比喻、拟人、反问等修辞手法所打造的直播标题很容易引发用户的联想。因此，主播可以采用这种方式提升直播标题的吸引力，留给用户想象的空间，让他们联想到产品的使用场景，从而怀有期待点击进入直播间了解更多信息。例如：《零食不贵，但她很对你的胃》。

主播在书写直播间封面标题时一定要用心研究，明确目标用户群体及需求、了解自己产品的特点和优势，运用以上提到的标题技巧，这样才能让你的直播间标题在众多直播间封面里吸引到用户的目光，为直播间实现引流。（见图2-15、图2-16）

图2-15　直播标题样例：MAC直播标题

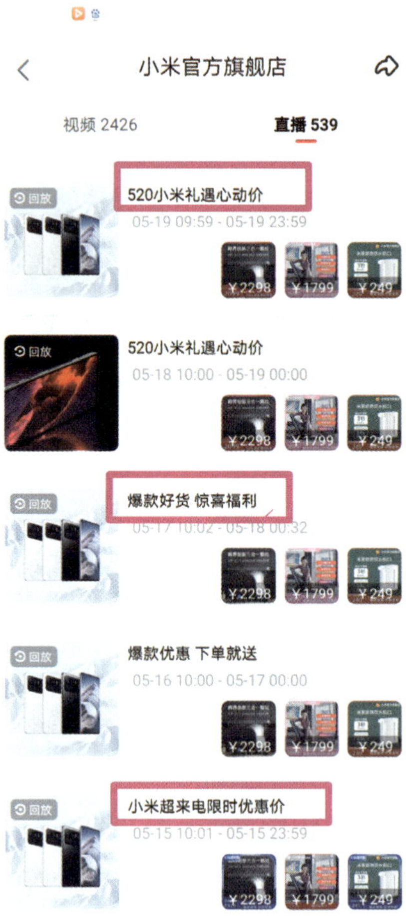

图2-16　直播标题样例：小米直播标题

需要注意的是，不管写哪个类型、使用哪些技巧，主播在撰写直播封面标题时，尽量将字数控制在7～14字，文字要干净，不能罗嗦。另外，各平台在字数方面会有不同的限制，主播需要根据要求进行直播封面标题创作。

主播及主播团队用心写出足够吸引人的直播封面标题、拍摄好的封面图发布到直播平台上，能够为直播间引流做良好的铺垫，流量进到直播间后，通过直播间布置、主播个人魅力、活动策划、销售话术等各个方面的精心设计，能够有效帮助直播间留住粉丝、实现成交。

第三节 直播场景搭建

观众对直播间的第一印象对主播来说是非常重要的，直播间颜值高、布置合理，给人第一印象好，观众就愿意多停留，可以提升用户对于直播间的关注度，能够增加用户下单购物的机会，从而实现销售变现。直播间的搭建过程中，每个细节部分都会影响到整个的直播观感，所以主播一定要认真进行直播场景的搭建工作（见图2-17）。

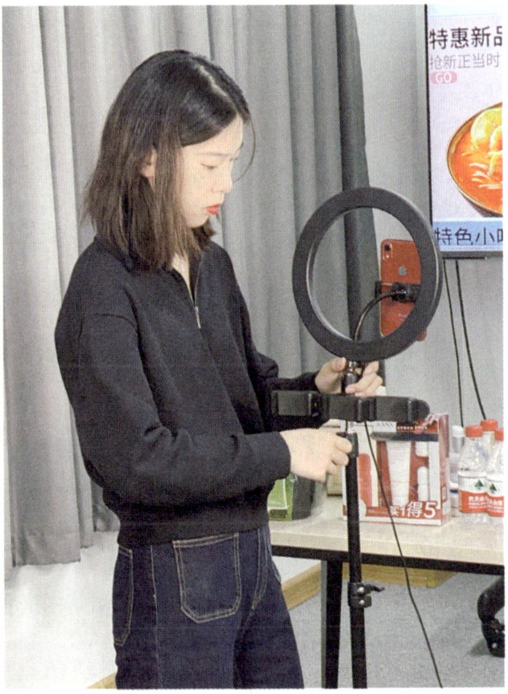

图2-17 直播准备搭建示例

一 直播间空间规划

直播间空间规划根据功能需求通常分为三个主要区域：设备区域、货品区域和后台工作区域。

（一）设备区域

设备区域需要根据设备大小和使用功能进行合理规划，由于直播设备无论是位置摆放还是使用功能都是需要调试才能让直播达到最佳的效果，所以直播设备的空间布局和摆放位置确定后，尽量不要变动，以免设备重复调试，对直播效率甚至是直播呈现效果产生影响（见图2-18）。

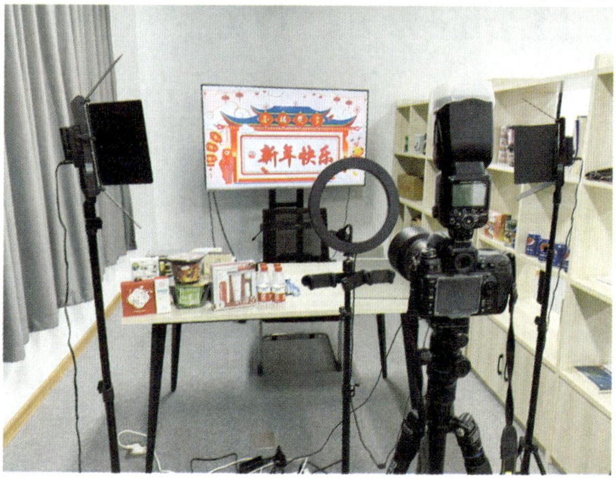

图2-18 设备区域示例

（二）货品区域

直播带货时很重要的一个区域划分就是货品区域。好的货品陈列可以使直播间显得更加干净整洁，呈现在镜头前能够增加观众下单购买几率。货品应按照直播介绍顺序有规划地进行摆放，尽量靠近主播的活动区域，便于主播取用、展示货品，摆放的货品根据设计需要可以展现在直播画面里，但注意不要过于遮挡直播画面，影响画面整体比例和呈现效果（见图2-19）。

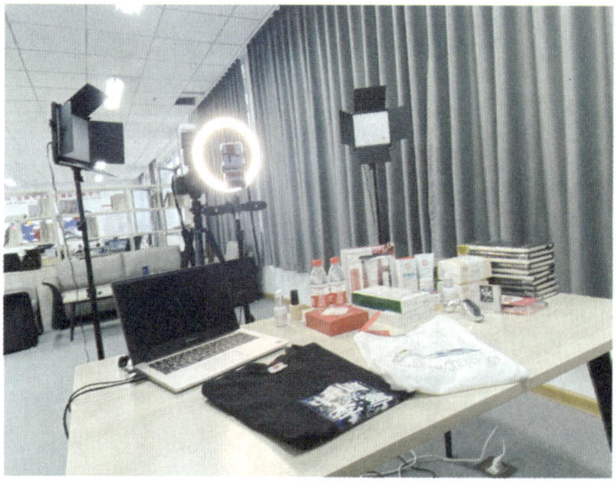

图2-19 货品区域示例

（三）后台工作区域

直播间从观众角度看起来通常只有一个或两个人在镜头前，但实际上绝大多数的直播活动都需要一个团队的配合才能完成。在一场直播过程中，后台很多名工作人员在配合主播的工作，通过合理规划安排后台工作人员的活动空间，对直播顺利进行有很大的帮助（见图2–20）。

图2–20　后台工作区域示例

二　直播间布置的硬件设备

（一）直播架

根据使用场景和需求不同，直播架分为台式直播架、立式直播架和八爪鱼直播架。台式直播架，可以分别满足主播在室内坐着直播、站着直播和户外直播的需求（见图2–21、图2–22、图2–23）。

图2–21　台式直播架
场景：坐着直播

图2-22　立式直播架
场景：站着直播

图2-23　八爪鱼直播架
场景：户外开播放置

（二）直播灯

图2-24　箱型直播灯

直播灯根据功能效果不同，有多种不同的类型。

①箱型直播灯，可大范围照亮直播间；②美颜灯，可补充主播面部周围光线；③球形直播灯，可照亮直播间，让产品主播拍得更好看。直播间的灯光、色彩非常重要，光线明亮色彩好看让人心情愉悦，观众点进来就愿意停留多看两眼，也许就能留下来成为粉丝，下单消费了（见图2-24、图2-25、图2-26）。

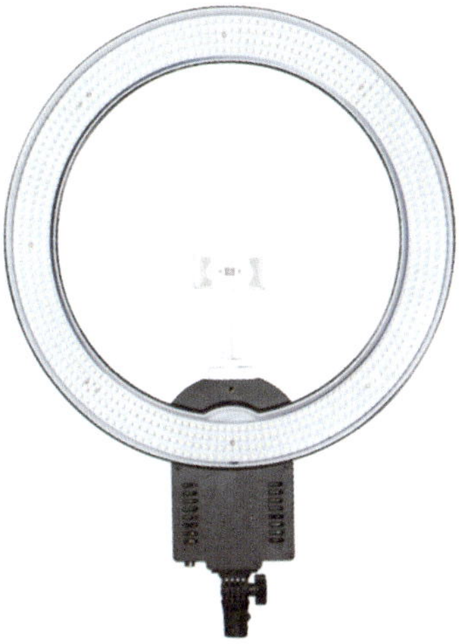

图2-25　美颜灯

图2-26　球形直播灯

（三）高清手机或专业摄像头

直播间需配备至少一部高清手机，推荐运行内存+机身内存128G以上，如华为Pro、iPhoneXS，11以上机型；一个专业摄像头，前后摄像头不低于700万像素，推荐罗技摄像头。（见图2-27、图2-28）

图2-27　直播手机示例

图2-28　直播摄像头示例

（四）直播场景

直播场景搭建可选灰色、米色为主的背景，白色主色调容易引起反光，会影响直播效果。场景可进行简单的软装（背景可放置货架），能够满足产品整齐的码放展示的空间需求，可根据主题布置直播场景（如元旦、春节），也可根据产品类别布置特色直播间，使用官方要求背景等（见图2–29、图2–30）。

图2–29　直播场景示例1：圣诞节主题直播，圣诞元素场景

图2–30　直播场景示例2：厨具类产品直播，厨房元素场景

第四节 直播前工作环节

一 设备检查

除了按照上一节提到的硬件设备准备以外，开播前主播还应做好设备的检查和调试工作，避免直播中出现设备问题造成直播失误。需要检查的设备和内容包括直播使用的手机和相机电量是否充足、直播手机是否存在骚扰源隐患、补充电量的充电宝是否有电、直播间相关灯具是否正常、直播网络环境是否达到直播条件、测试直播室画面和声音效果、检查直播场景搭建确定场地安全、准备好水杯纸巾等主播长时间直播过程中所需的个人用品等。

二 账号设置

主播在直播前，还需要确认直播所用的账号是否达到直播标准、能否进行引流、是否能够满足直播中的策划安排。账号的准备包含直播预告是否已发布、是否购买预告推广（根据情况）、直播封面是否已经拍好、直播标题是否已经写好、账号是否具备互动条件等。

三 人员分工

一场内容丰富的直播需要一个完整团队来共同策划执行，所以一定要考虑人员安排和团队配合的问题，并在直播开始前确认所有参与直播的工作人员是否都已就位、是否明确自己的工作内容，这样才能让直播按照计划顺利进行，避免人员配合不好或分工不清晰带来的直播事故。一个完整的直播团队可以包括主播、副播、场控、运营等多个角色。

1. 主播

负责日常直播，主要以介绍产品为主，商品讲解、统筹全场、活动介绍、品牌形象建立、粉丝互动等。

2. 副播

带动气氛、介绍促销活动、提醒活动、产品卖点提醒、引导关注等。

3. 场控

负责直播中控台操作，现场改价、红包发放、产品上架，现场的气氛营造、现场的特殊情况处理等。

4. 助理

负责配合直播间现场工作，了解销售额、订单数、提醒主播、画外音互动。

5. 策划+编导

负责直播节目的前期规划、方案策划、直播流程、整合协调资源。

6. 运营

（1）数据运营：负责直播数据监测、数据收集、数据分析、优化直播方案等。

（2）店铺运营：负责店铺相关运营工作。

（3）内容运营：负责直播前后的内容宣传、造势、运营等。

（4）直播运营：负责直播业务的一切运营相关工作。

7. 客服

负责直播时为买家提供咨询服务、解决售后发货问题、直播间互动答录等。

四 产品和道具准备

直播前的产品准备工作至关重要，产品准备细节做得不到位，有可能会影响直播间观众的体验，甚至造成该场直播出现重大失误。产品相关准备工作包括样品是否寄送到位、库存数量是否清点确认、产品是否提前上架、产品链接是否提前准备好、直播样品是否按直播顺序列好、产品小记和相关口播资料是否按顺序准备好、题词器、自制海报、抽奖道具及产品展示所需道具是否提前准备好、客服支持以及售后规则、是否和供货方交流确认等（部分准备示例见图2-31、图2-32和图2-33）。

图2-31　自制海报示例

除了直播销售的产品外，辅助展示的相关道具也要在直播前准备好。如销售服装，那么可能需要准备和服装搭配能够提升效果的配饰；销售食品，

图2-32　互动道具（抽奖转盘）示例

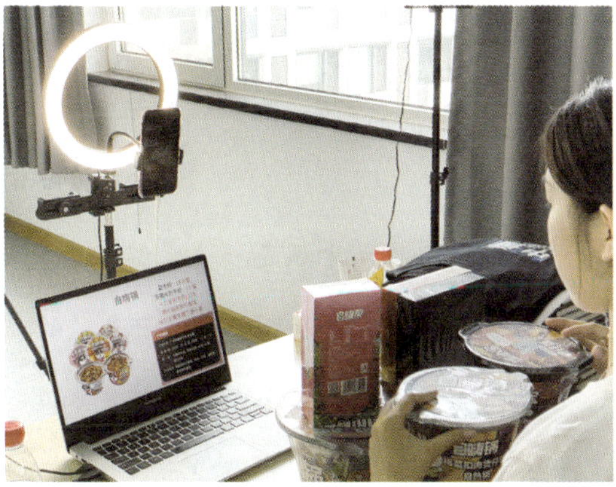

图2-33　提词器示例

则可能需要准备食品烹饪所需的相关餐具；销售电器，需要准备好使用电器所需的电源等。

很多新手主播经常会遇到的情况是因为产品准备没有做好，在直播过程中耽误了时间，这样非常影响观众的体验效果。而且，遇到这样的临时状况，没有经验的新手主播通常很难有效控场，会造成直播节奏被打乱，直播间气氛掉下来，影响该产品的销量以及造成直播间人气的流失。

五 直播彩排

为了能够在实际直播中展现更好的效果，直播团队应该对直播内容进行彩排演练，特别是对于新手主播或者是要介绍的新产品，都应该要认真地彩排，及时调整提词器、提示卡和其他口播材料中的不足，来保证直播能够按计划进行，并且有稳定的效果。

直播彩排的内容除了产品介绍和直播流程演练外，还可以预设用户有可能提出的问题来模拟互动，提高主播与用户沟通的能力。此外，在直播彩排时，还要根据直播间布置和主播妆容调整灯光效果，根据当天要销售的产品及展示方式确定机位角度，以及明确直播团队成员之间的配合等环节的落实，有效地避免在实际直播中可能会出现的问题。

案例

董明珠直播带货首秀卡顿

保证直播无卡顿是一个系统性工程，需要在直播的前期准备、彩排、预案以及现场处置等各个环节都做好充足的准备。

格力电器董事长兼总裁董明珠的第一次直播，被大家认为是一场罕见的直播事故，从头到尾出现严重卡顿，直接影响直播效果和用户体验，导致上架38

种商品，销售258件，销售额仅为23.25万元。最主要的原因是场景和信号的原因，多场景移动直播影响了网络的性能。董明珠直播的时候不同于其他网红主播在专业的摄影棚或者办公室进行直播，有稳定的WIFI和移动信号支持。多场景移动将会直接影响手机的信号，无论是WIFI还是无线信号都会受到影响。

董明珠团队第二次直播前，按照正常的直播技术保障流程，实现了整场3个多小时的直播没有出现一帧卡顿的结果。30分钟销售额破1亿元，100分钟破2亿元，总共3个小时20分钟的直播，最终成交额达3.1亿元。

第五节 主播心态建设

成为直播带货主播，首先要调整好自己的心态。因为心态的好坏，往往决定直播的好坏，很多公司在招募新主播时，也把心态的好坏作为重要的衡量标准之一。

一 主播心态要求

优秀的主播要时刻保持精神饱满、爱笑爱闹、爱说、爱互动，保持正能量；面对黑粉儿不理会、不顶撞；面对粉丝问题积极处理，不怠慢，能够随机应变；不在直播间与粉丝起正面冲突。专业的主播需要有很强的自我调节能力，也需要掌握正确调整心态的方法，才能在直播中吸引到更多的粉丝，产生更高的销量。

二 主播心态建设

优秀的主播，需要从以下三个方面进行心态建设。

（一）学会自信

想保持良好的直播心态就必须要学会自信，自信是成功的前提。主播在直播间直播的状态越自信就越能够感染观众，获得大家的喜爱，在直播过程中，也往往更能够把握好直播的节奏，粉丝也因此能够更容易接受主播所推荐的产品。每个人各有所长，也各有所短，做主播也是一样的，要多想自己的优势、长处和未来，做一个自信的人，才有可能让自己受到更多的粉丝喜爱。

（二）学会面对挫折

直播销售员并不是一个简单的工作，可能会遇到各种复杂的情况，假如主播一个人在直播间里介绍，很长时间没有粉丝增长，没有人互动，自己说了半天观众也没有反应时，难免会产生负面情绪，这是正常的情况。现在很多头部主播过去都经历过这样的阶段，更何况是新手主播。直播销售员必备的心态之一就是要学会面对挫折，消化负面情绪，积极思考、分析解决问题的办法，及时调整好心情。

（三）学会宽容

现实生活中，每个人的喜好都是不同的，也不是所有人的性格和表达方式都是让人容易接受的。直播带货过程中遇到黑粉几乎是每一个主播都会经历的事情，无论个人在直播中的状态和表现有多好，都有人会说不喜欢你，无论你推荐的产品有多好，都有人能够从中挑出毛病。所以专业的直播销售员做直播带货一定要有建设的心态，就是宽容，培养自己宽广的胸怀。其实对于直播销售员来说，有观众进到你的直播间并发表评论留言，就是有流量产生的体现，好过直播好几个小时一个观众都没有。所以，放宽心态，不要让消极的评论影响直播和生活的状态。

练习题

一、单选题

1. 以下哪一项不是淘宝平台特点（　）

A. 及时性

B. “老铁经济”和“家族文化”

C. 直播品类多

D. 流量大

2. 以下不属于直播带货中需要配置的岗位是（　）

A. 主播

B. 场控

C. 客服

D. 产品供应商

二、多选题

1. 直播销售一款速冻炸鸡产品，适合提前准备以下哪些道具（　）

A. 篮球

B. 盘子

C. 炒锅

D. 筷子

2. 直播间空间规划，通常分为以下哪些主要区域（　）

A. 设备区域

B. 货品区域

C. 现场观众区域

D. 后台工作区域

三、判断题

1. 抖音、快手和淘宝平台，想要开通直播权限，都需要通过实名认证。（　）

2. 直播封面图中，使用除主播外的人物或明星图片，不需要提前获得肖像权和版权。（　）

参考答案

一、单选题

1. B；2. D

二、多选题

1. BCD；2. ABD

三、判断题

1. √；2. ×

第三章

直播营销策划

一场营销活动的成功，很大程度上取决于活动前的营销策划方案是否完善。作为最新型的网络营销活动，直播前的营销策划也是决定一场直播活动能否成功举行的关键。直播活动的营销策划包含从人设定位、直播选品、短视频策划到直播方案策划的多个方面。

第一节 打造有吸引力的人设

当前，直播行业日趋火热，有越来越多的商家、明星、网络红人和知名企业家参与直播。在这样激烈的竞争环境中，如何能够更好、更有效地吸引并留存用户，实现良好的直播间转化效果呢？这就需要主播打造好个人品牌，并通过个人品牌吸引更多的目标用户群，扩大主播的影响力，提升用户的忠诚度，并最终实现直播间转化率的提高。

塑造有价值的个人品牌，主播需要打造精准的受欢迎的人设，形成独特的直播特色，并吸引核心目标用户群体，提高用户黏性。

一 “人设”是什么？

人设作为网络流行语，是“人物设定”的简称。这个词原本是用于形容动漫、小说、漫画等作品中对虚拟角色的外貌特征、性格特点的塑造。现在已经延伸为用来形容知名人物向公众塑造出的特定的个人形象。人设对于知名人物来说相当于商品的包装，更便于确定个人形象特色，吸引特定的用户群体。常见的主播人设有专家人设、吃货人设、耿直人设、学霸人设、美妆人设等。（见图3-1）

例如，我们比较熟悉的头部主播中，薇娅的人设是邻家姐姐，李佳琦的人设是最懂美妆的男生，而罗永浩的人设是持续创业者。

图3-1 常见的人设标签

二 为什么要打造人设

主播需要找到适合自己的人设，为自己贴上深入人心的标签，形成自己的直播特色。主播的人设决定你能吸引的人群，也就是主播的定位。个人定位越清晰，那么吸引的用户人群就越精准，粉丝的黏性也就越大。同时，作为直播带货主播，选择推荐的产品类目与主播人设相辅相成，互相增彩。清晰的定位可以给用户留下更深刻的印象，特点鲜明，直播带货转化率就越高，所以，有了清晰设定的主播才能形成有价值的IP，才越有可能在直播行业成功。

主播要打造自身的人设定位，既要对从事的直播领域保持极高的兴趣，并且在该领域要有丰富的专业知识，同时对该领域有一定的独到见解。主播拥有丰富的、准确的产品知识，且为目标用户群所认可和信任，才能够对目标用户群的购买决定产生较大影响力。在直播销售中，主播要将自身的特点和专长展示在用户面前，通过特定性的言语或者动作给用户群体留下深刻的印象，并进一步形成特定的联想，从而形成个人的持续影响力。

三 打造人设的方法

主播需要根据自身的职业经历，性格特点，专业背景等打造适合自己的人设。比如“邻家姐姐”是薇娅的人设，这个人设符合主播的个人经历和性格特点，也是用户能够清晰记住主播的最突出的亮点。那么，主播应如何打造最适合自己的人设呢？

首先，主播要挖掘自身的核心特色和价值。在进行人设设计的时候，主播首先可以通过回答以下几个问题来明确自己的定位（见表3-1）：

——我是谁？

——我能给用户提供什么？

——我有什么优势能够与用户建立连接？

——我想与直播平台上哪些人的做法一样？

——现在存在哪些问题？

表 3-1 人设定位需思考的问题及方向

人设定位需思考的问题	思考方向
我是谁？	确定自己是哪个领域的主播
我能给用户提供什么？	未来用什么方式变现，卖哪些产品？
我有什么优势能够与用户建立连接？	选择有辨识度的、独特的定位
我想与直播平台上哪些人的做法一样？	确定对标账号，进行竞品分析
现在存在哪些问题？	找到问题，解决问题

在认真思考这些问题的答案的过程中，主播要不断寻找自己身上有独特性的亮

点。外貌特色、性格特征、从业经历、才艺特长、个人兴趣爱好、家庭氛围等都可以成为主播人设的着力点。其次，主播要对自己的人设着力点进行不断的分析和深入挖掘，围绕自己的人设着力点进行大胆的尝试，最终选出最让用户印象深刻的特点然后进行有目的的设计和运营。

除了挖掘自身特色之外，也可以结合自己的个人特色，根据目标用户群体的喜好和需求进行人设的设计。

最后，主播的人设一旦设立，不要随意更改，要长期维持自己的人设，在每一次向用户传递信息的过程中，不断重复展示这些人设特点，围绕自己的人设持续长期地进行内容的输出，从而在用户心中留下深刻的、一致的印象，形成用户对自己了解的固有标签。

（一）建立人设标签

在互联网时代，大部分用户对信息的获取都是通过碎片化时间进行，这种信息获取方式的变化决定了用户进入直播间后，不会花很多时间去了解、研究主播是什么样的人，直播间能够给他们提供什么东西，所以，主播要在最短的时间内抓住用户的眼球，使用户在直播间停留更多时间。主播要想让用户尽快了解自己，最有效的方法就是给自己贴上标签，让用户通过标签了解主播可以给用户提供什么价值。而人设实际上就是多个标签的组合，给主播贴标签能够清晰展示主播的完整人设。人设标签可以使主播更有辨识度，在直播过程中与同行形成差异化，从而更好地被目标用户群记住。主播需要为自己贴上符合自己特色的、有别于其他人的、便于传播的标签，以此吸引更多用户，深化用户对主播人设的了解。树立人设标签的核心是要在较短的时间内通过个人外在形象、行为方式、语言表达、镜头展现、场景设置、故事演绎等的设计形成用户的记忆点。标签并不是主播直接告诉给用户的，而是在直播过程中，通过主播的个人形象、直播内容的设计、直播间的设置、直播环节的安排等呈现出来的。这些人设标签要在主播的直播过程中不断得到体现，一次次来反复加深用户对主播的印象。

主播在为自己贴标签时，一定要注意体现差异化。贴标签是为了让主播能够在众多的主播中得到用户的关注。如果标签没有足够的特色，或者有太多主播在使用，那么主播在维持这些重复度很高的标签时，需要花费更多的时间和精力。所以主播在进行人设标签设计时，不但要挖掘自己的个人特色，还要更多地分析自己与其他主播之间的差异，找出自身的独特性，并以这种独特性为出发点来设计和确定自己的人设。

随着越来越多的主播开始进行人设的打造，差异化将是让一名主播脱颖而出的关键点。主播寻找出适合自己的有差异化的标签，并不断加强这些标签所构成的人设，才能聚拢更多的目标用户群。

人设标签的设计和打造可以从以下这些角度展开：

1. 形象标签

（1）外在形象设计

主播的个人形象要形成个人特色，形成视觉上的清晰识别度。主播可以从着装、配饰、美妆等不同角度设计自身形象。很多当红主播都是靠自己的不断提高和努力，比如学习穿搭知识、美妆方法、流行元素等来不断提升和塑造自己的个人形象。主播的形象并不是越光鲜亮丽越好，而是要根据人设定位、直播内容等设计符合自己人设定位的外在形象，保持人设与外在形象的一致性，从而在视觉上给目标用户群体留下清晰而深刻的印象。

例如，淘宝头部主播烈儿宝贝的形象设计风格是时尚优雅的，抖音酒仙网拉飞哥的形象设计风格是文质彬彬。这些形象设计风格和主播的带货产品是非常吻合的。

（2）动作行为设计

动作行为的设计也可以成为一个令人印象深刻的标签形象。可以是面部夸张的表情，也可以是一个特定的手势，或者是一个穿衣戴帽的动作，或者是一种出场的方式等。

（3）语言设计

直播间需要持续不断地进行语言输出，所以有特色的语言设计是非常重要的，主播具有个人特色的语言标签也能够成为直播的亮点，帮助更快树立直播间特色，利于传播，同时提高用户群体的黏性。例如，李佳琦在使用产品时经常会喊一句“oh my god”，表示对这款产品的满意；在提醒用户下单时会说 “所有女生，所有女生，听我的，一定要买下它，3、2、1……”这样一句话可以直接推动直播间用户的下单决定，这些话也就成为了李佳琦直播间的独具特色的语言标签。这种简短又方便快速传播的语言设计可以很快积累用户的关注。

（4）场景设计

一场直播活动通常要持续三四个小时以上，用户在这三四个小时中一直持续观看直播间的画面，所以直播间的场景设计可以给用户持续传递特定的信息，是进行标签打造的很重要的一环。一个直播间的场景设计要和人设定位吻合，而且要维持一定的一致性，并长期保持，反复输出，从而在用户群体中沉淀成固定的记忆点，并能够不断引发用户联想。

主播在进行个人形象标签设计时，可以从上面四个角度去尝试，并要不断进行优化。

2. 领域标签

直播行业的蓬勃发展，目前已经覆盖了几乎所有的领域，这也就意味着作为新人主播一定会有现存的同行竞争对手。理论上，竞争对手相对较少的直播领域，新人主播的成功概率会大一些。

以淘宝头部主播李佳琦为例，他在直播的最开始，是以“口红”这个细分美妆产品领域确定了自己的直播定位，而且这个定位一直持续到现在。虽然现在李佳琦的直播间已经有越来越多不同种类的产品，但是美妆产品尤其口红依然是李佳琦推销的主要产品。这种专注于细分领域的特点形成了李佳琦直播的特色。

图3–2是抖音平台的商品品类趋势图。

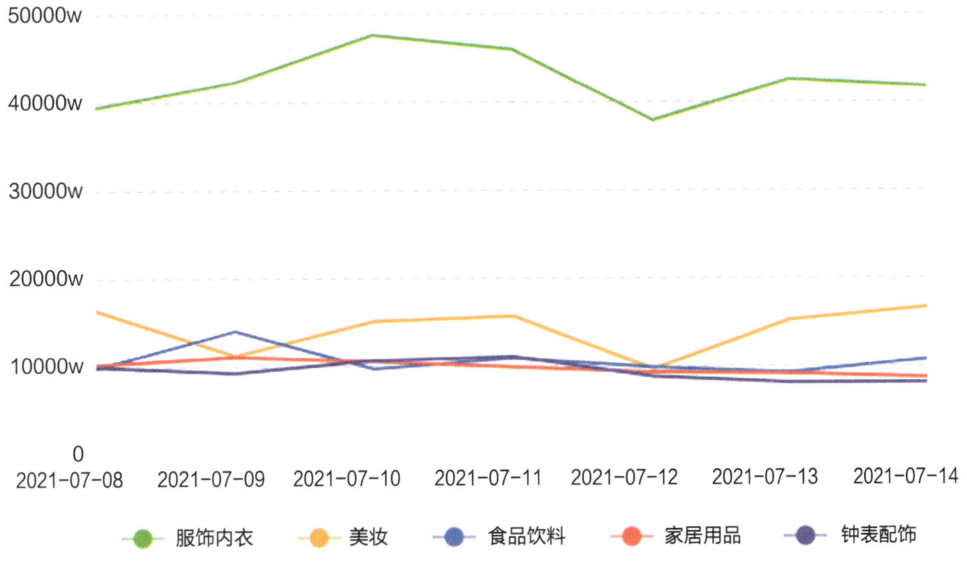

图3-2 抖音商品品类销售额趋势图

图片来源：飞瓜数据。

（二）挖掘个人特色优势

人设确定，既要符合主流市场的需求，更要兼顾主播的个人特色。当前主播行业发展迅猛，要在众多的同类竞争者中能够脱颖而出，获得目标用户群体的关注，主播首先应该挖掘并发挥个人与众不同的特色优势，并持续输出和扩大个人特色对用户的影响力。主播的人设想要获得用户的欢迎，就必须要有足够的独特性，更加符合目标用户群的需求。如果主播打造和其他主播同样的人设，将难以体现个人特色，同时也会给用户带来审美疲劳，无法留下深刻的印象。同样还是以李佳琦为例，美妆类的主播非常多，而李佳琦的成功在于他有独特的差异性。首先，他有丰富的线下销售美妆产品的经验，在进行口红品牌和颜色的推荐时往往能给出非常中肯的建议。其次，相比更多女性主播进行美妆产品的推荐，李佳琦作为男性主播来进行美妆产品的推荐更能吸引用户的好奇和关注，所以说他的性别就是李佳琦直播间的差异性之一。同时，虽然身为男性美妆主播，但是李佳琦个人形象俊美，皮肤白皙，唇形非常适合展示不同品牌口红的涂抹效果，这也使得他的产品展示非常有说服力，正是这些独特的差异性形成了李佳琦直播间的特色。

（三）设计精准人设

随着互联网媒体的快速发展，在现在的媒体环境中能够快速被大量网络用户记住的最好方式就是要建立鲜明有特色的精准人设，这是一个主播能够成功的重要前提。一个关注量、点击量、转发量高的直播账号，其主播的人设一定是清晰鲜明有特色的。这个精准的人设还要在直播中通过不断的持续展示而不断加强，最终形成独特的个人人设标签，并成为直播内容的重要组成部分。

主播的成功人设见表3-2。

表 3-2　头部主播人设示例

主播	外在形象设计	动作行为设计	语言设计	场景设计
薇娅	亲切，大方，时尚	食品试吃、衣服试穿等	薇娅的女人们	根据不同的直播主题进行变换
李佳琦	精致，积极向上	现场美妆试用	Oh! My God! 所有女生	美妆产品陈列架
罗永浩	轻松惬意，悠闲		交个朋友	每日销量排名展示

人设的设计可以从很多角度进行，例如，专业技能、个人形象、个人性格、个人特长、内容分类、用户画像等。这些因素相互关联、互为补充，共同形成一个立体化的人设。下面着重介绍几个最常见的人设打造因素。

1. 突出主播专业技能

专业技能既可以是主播曾经从事或者正在从事的工作，也可以是主播个人的爱好和特长，这是影响主播选择人设定位的最重要的因素之一，也是能够打造成为直播亮点的一个重要方面。俗话说，术业有专攻，主播个人的职业背景如果能够与直播的内容有很好的匹配度可以帮助主播更好地吸引目标用户群体的关注，解答目标用户群体的问题，提供专业意见，形成高黏性的用户群，并进一步实现直播效果转化率的提高。例如，主播可以在直播中展现自己的美妆、服装搭配、厨艺、健身等技巧，为用户展示如何选择合适的二手车，向用户展示最新数码产品的专业测评结果，户外旅游如何进行装备的准备等。主播在直播中展现自己与众不同的专业技能，既可以打造自己的专业性标签，还能够形成直播间不可被复制的亮点，吸引高黏性用户的关注。

在直播之外，主播也要通过社群、短视频账号运营等渠道进行专业内容的持续输出，不断强化个人人设定位。

那么，主播应如何打造自身专业性呢？

（1）对直播间的定位有清晰的认知

直播间的定位是什么，受众群体的用户画像是什么，直播间以往的产品销售数据分析情况等，都是主播需要仔细研究的问题。

（2）对产品有详细的了解

直播间的核心内容是要进行产品介绍，所以主播一定要完整掌握和产品相关的知识，了解产品的优缺点以及使用技巧。

（3）不断提高自己的专业技能

个人人设的打造是一个长期的过程，主播在这个过程中要保持专业内容的持续输出是一件很有挑战的事情。为了打造专业技能的定位，要求主播能够持续不断地收集更多与自己的专业定位相关的信息内容，并且关注领域内的发展趋势和最新政策、新闻、产品等，通过这种方式，主播可以在专业技能领域不断学习和自我提高，掌握同类产品的区别，了解专业领域的发展趋势，对专业领域的新闻事件有独特的见解，形成自己独特的个人风格。只有专业技能不断进步的主播，才能持续维持自己专业的人设定位。在众多的主播中，做一个深耕专业技能的主播是非常有特色的定位，能够更有效地获得用户的信任。

2. 个人性格特点

主播的个人性格（无论是先天性格还是再塑性格）在直播中会起到关键的作用。有特色的性格特点可以更快地给用户群留下深刻印象。直播内容不同，所需要的主播的个人性格特点也有所不同，开朗乐观、幽默俏皮、爽朗直接、专业稳重、博学多才等都是很适合的主播性格特点。

3. 独特的直播风格

一名主播要在众多主播中脱颖而出，需要有自己独特的个人风格，这不仅仅体现在主播的外在形象和个人性格特征，还表现在对直播内容的输出上。例如，对同样的一款直播产品的介绍，专业性的主播会着重从产品的发展历史、厂家背景、行业标准等方面介绍产品。而个性风趣幽默的主播，在介绍产品时会把产品介绍编辑成幽默的段子，或者引用一些大家耳熟能详的喜剧表演者的经典台词，即轻松了直播间的氛围，也调动了用户参与的积极性。还有主播会用方言进行产品介绍，强化自己的家乡特点，拉近和网友之间的距离。这些都能够形成主播独特的风格。主播的直播风格越独特，越能够吸引更多用户的关注。主播能够流畅运用独特的表达方式，把控好对每一个细节的描述，在专业知识引入的基础上呈现个人独特的风格特色，就能形成直播间独特的吸引点。

4. 有价值的内容

自媒体时代是一个内容为王的时代，一场直播是否能够给用户提供有价值的内容是这场直播成功的关键。在直播中，主播要输出用户感兴趣的内容，推荐可靠的产品，且内容即要精炼，还要传递足够丰富的优势信息，而且提供用户所需要的价值，才能持续吸引用户的关注。产品作为主播直播带货的主体内容，也是主播建立个人人设的基础，所以直播团队在选品时必须要保证产品的质量。主播一定要重视直播间推荐的产品质量，产品质量好可以作为一个主播非常重要的人设标签，这个标签可以有力巩固主播的个人品牌。反之，如果主播在直播间推荐的产品出现质量问题或者出现了售后服务的问题，那么主播的个人人设就会与这个负面信息相挂钩，无法建立有吸引力的人设。即使主播已经有很好的人设基础，那么这个人设也会因为这些负面信息而受到不良影响。因此，要想成功地梳理个人人设，就要必须严把产品的质量关，从源头进行把控，在作出选品决策前，就要通过试吃、试穿、试用等方式来亲自体验和感受产品的质量和功效。只有保证了产品的质量，主播的个人人设才能有稳固的基础。

5. 管理好核心用户群

直播间的服务对象就是关注直播间并且有可能在直播间下单的用户，那么人设的设定也要满足这些用户的需求才能获得更持久的关注。所以在进行主播人设打造的时候，一定要充分分析了解直播间的核心用户。对核心用户的分析可以通过用户画像来进行。用户画像是指根据用户的社会属性、生活习惯、个人偏好、行为等信息抽象出标签，并通过这些标签具化出一个用户的形象。也就是给用户打标签，通过这些高度概括的标签，可以更好地认识用户、了解用户、理解用户，给用户提供更精准的服务、更好的体验。用户画像可以包括人口属性（性别、年龄、学历、角色、婚姻等）、兴趣特征、地域、使用的设备、心理特征、行为特征等。完成了核心用户画像，可以帮助主播更准确设立自己的人设定位，并在直播过程中围绕这些核心用户的需求进行交流沟通和产品推荐，可以达到事半功倍的效果。

（1）维护好主播人设的受众

主播的人设和核心用户是互相影响的。一方面主播通过清晰的人设可以吸引特定的用户群，同时这些特定用户群的需求、兴趣爱好等反过来会要求主播不断进行人设的打磨，更会影响主播在直播间的直播内容。

用户作为主播人设的核心受众，在打造人设时，要求主播一定要关注用户需求，做好对核心用户的管理，让更多的用户了解自己、接纳自己。主播必须认识到用户对于人设打造的价值，用户既能影响主播的人设打造，同时也可以帮助主播更好地宣传主播的人设。

核心用户群是主播人设坚定的维护者，他们因为认可主播的人设定位，欣赏主播的直播风格，继而认可主播所推荐的产品，追随观看主播的直播，并且在直播间多次下单支持。同时还会把自己关注的主播通过分享、转发、口碑传播等方式推荐给更多的人，提高主播人设的关注度，为直播活动带来更多的流量。这是直播间非常重要的引流方式，应该获得主播的大力鼓励和支持。

（2）时刻牢记用户群的共同点

在分析了解核心用户的过程中，除了分析掌握用户画像提炼出的用户特色和需求，还要牢记直播间用户的行为习惯也是有很多共同点的。

——用户喜欢有特点的主播人设

在信息量巨大的今天，每个人的时间都是有限度的，所能够接受的信息含量是分散而有限的，所以主播给用户传递的信息一定要有个性特色，观点突出才能抓住用户的关注。

——适当做减法

要在用户每天接触的海量信息中，给用户留下深刻的印象，并进一步吸引用户关注、观看、下单，那么需要用精简准确的信息来吸引用户群。所以主播在进行人设打造的时候，也要适当做减法，在人设定位时要突出核心优势，展现最优亮点。

——避免负面形象

随着直播市场的热度不断攀升，用户有了越来越多值得关注的主播，所以用户对一个直播间的忠诚度是非常薄弱的，如果在直播过程中，出现了直播间翻车现象，那么就会给直播间和主播的人设造成非常直接的负面影响，如果后续处理不当，那么就有可能崩塌人设，丢失大量粉丝，造成难以挽回的后果。

——把控直播时的情绪管理

人和人之间的交流是一种情感的交流，主播和用户之间的交流亦然。通过这种情感交流形成了坚固的纽带，才能够收获一批忠实的粉丝。

主播和用户之间的交流是通过直播间的直播内容、互动活动、售后问题解决等方式来实现的。用户在观看直播的时候，随时可以感受到主播的情绪，情绪高昂热情的主播可以引起用户更高的下单意愿，而情绪低落、不断抱怨、多次忽视用户的互动信息或者生硬拒绝用户的要求甚至讽刺、谩骂用户等，都会把负面的情绪传递给用户，并且消耗用户的关注和支持，甚至引起用户的反感和抵制。因此，主播在直播过程中，一定要严格控制自己的情绪，维护好直播时的氛围，给用户营造出轻松的、受欢迎的、被关注的直播感受。除了控制自己的情绪以外，直播过程中，主播还要重视对用户的情绪引导，对于有激烈言辞的用户，可以通过言语安抚，立刻提出解决方案，安排客服对接等方式来缓和用户的情绪，避免一个用户负面情绪引起的连锁反应。

主播能否持续获得更多用户的关注，能否更好地留存用户，能否获得更好的直播转化，很大程度上取决于主播能否在直播过程中正确引导用户的情绪。主播引导好用户的情绪，就能够营造良好的直播氛围，并且加固主播与用户之间的连接，获得更多忠诚用户的长期关注；反之就会损失用户的关注，甚至影响对新用户的吸引力。只有不断有更多忠诚用户的支持，主播的个人人设才能够真正地建立起来。

（3）适时发声

在直播过程中，语言是传递信息、表达价值观、阐述观点的最重要的表达方式，所以语言表达也是主播人设最重要的环节。面对目标用户群体，如何适时发声，是一名优秀主播需要具备的职业能力。

① 抓住关键时刻

在发生重大行业新闻、社会热点，或迎来行业形势转折点的时刻，都是主播发声的关键时刻。

② 经过思考的观点

主播的观点不应该人云亦云、随性而为，而是要基于充分的思考，结合自己的工作背景领域、行业知识，并充分考虑目标用户群体的价值观，表达与用户价值观吻合同时又有自己清晰立场的观点。

只有抓住关键时刻并基于思考发表的观点，主播才能不断加强自己在用户群体中的人设定位，并持续扩大自己的影响力。

（四）长期持续维持稳定的人设

一名主播要想具备深入人心的人设，需要长期持续专注地用心深耕所在的领域。在进行每一次直播内容的策划时，都要考虑如何让直播的内容与自己的人设相符。主播需要持续设计和输出与人设一致的直播内容，才能不断强化用户对主播的印象，提高用户与主播之间的黏性，使主播与用户之间的关系更加牢固。这样持续的人设深耕，才能在日益激烈的竞争中维持足够的竞争力。每一个知名的直播播主，都是在自己擅长的领域长期坚持，不断建立用户对自己的信任，塑造自己的影响力。同时还要在实践中不断学习和进步，适应市场不断变化的趋势，让自己的人设能够一直符合用户的需求，保持用户黏性。

四 推广人设

对于主播而言，确定好人设定位只是完成了第一步，要真正树立好设定的人设，接下来需要围绕人设做好内容输出和推广工作。

（一）内容输出准备

主播的人设是靠不断持续的内容输出来树立的，所以在确定好了人设定位之后，要围绕这个人设定位准备充足的内容，然后以不同的形式进行传播。内容的呈现可以是文字内容、图片或短视频等不同的形式。

（二）人设传播

在完成了内容设计后，就可以开始利用不同的平台进行人设的传播，让更多人了解自己，成为自己的用户，为直播间吸引更多流量。现在的主流传播平台包括社群、自媒体平台、短视频平台等。这些传播平台已经聚集了大量的用户，个人人设的传播就是通过内容的发布在大量的用户中筛选出与主播人设相吻合的用户，并持续针对这些用户进行内容的输出来巩固与用户之间的连接。其中，社交平台是非常重要的进行人设传播的渠道。主播需要学习如何充分发挥社交平台的力量来进一步推广自己，吸引更多流量。社交平台可以为主播提供多种多样的互动形式，包括朋友圈里的点赞评论、微博上的分享转发，还有微信群、QQ群里的话题讨论等，都是非常有效的互动形式。在社交平台与用户进行沟通互动的时候，一定要注意沟通技巧，提高与用户沟通的效果。首先，要在这些平台充分展示个人形象，其次要时刻关注热点话题，抓住时机，巧妙利用热点话题来吸引用户参与互动交流及关注转发，从而达到更好的口碑传播效果，同时还可以根据用户的需求进行活动和话题的设计。

第二节
直播方案策划

一场成功的直播，要经过前期的精心策划，然后根据策划的直播方案来编写直播脚本。直播过程就像一场有剧本的演出，每个角色按照剧本中的计划逐步向网友们展示要介绍的产品，号召用户参与直播活动，吸引用户的注意力，并说服用户下单购买。直播的策划应该由整个直播团队共同讨论确定，并且需要在直播过程中严格执行的，其核心内容需要涵盖直播目标、人员安排、直播产品、直播话术、互动内容等直播过程中的所有关键要素（见图3–3）。有了严谨的直播策划和直播脚本，团队的每个成员都清楚了解整个直播的流程，知道每个环节的任务是什么，才能确保直播按照计划进行，即使直播时有突发情况，也能够随时应急解决，不至于手忙脚乱。所以说，提前制订的直播脚本是一场直播能够顺利进行的前提，同时也要求团队的成员要高效执行直播脚本，共同努力实现直播带货的最终目标。

图3–3　直播策划讨论会

一 直播的目标

直播目标的制订是一场直播活动策划的核心，所有策划方案的细节都是围绕直播目标展开的。一场直播活动的目标通常包括产品和用户两个方面。围绕产品的目标大多是一些可以量化的数据，包括销售金额、下单量、购买件数等，也可以包括一些不可量化的指标，例如用户对产品的体验感受、品牌认可度、产品认可度等。围绕用户的核心目标通常是指核心用户群与直播间的关系，包括观看次数、新增粉丝数、关注数等，也包括不可量化的如用户对直播间的评价、用户对直播间定位的认可等。

以带货为目的的直播最重要的目标一定是销售量，但是因为每场直播的侧重会有所不同，所以针对销售量也需要制订具体的指标，例如，添加购物车的数量、提交订单的数量、成交的数量，也可以具体到每一款的销售数量、销售金额等。除了销售量以外，直播间作为一个长期运营的销售方式，也要将关注量、点赞量等作为直播间长期发展的促进目标。所以每一场直播还可以针对这些数据制订直播目标。

那些不可量化的指标对于每一场直播也是非常重要的，包括用户对直播间定位的认知、直播活动流程的完成程度、团地的配合等。正是这些不可量化的指标的不断提高推动了可量化指标的实现，所以在制订直播目标的时候也要注意不可量化指标的制订。

二 直播时间与时长

首先，直播时间的安排会直接影响到一场直播的效果。对于电商平台来说，每天上午、下午、晚上的用户群体会有不同的画像特点。同一个晚上不同时间段的用户群体也会有不同的特点，所以直播时间的确定需要根据账号定位及其目标用户群体的直播观看习惯来确定。（以抖音为例，见图3–4）

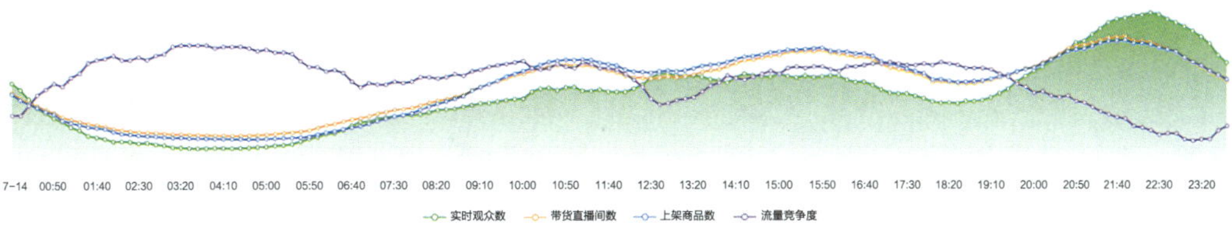

图3-4 抖音24小时直播带货场次趋势

图片来源：飞瓜数据。

其次，为了维护好直播间的用户群体，一定要设置好比较固定的直播时间，有规律的开播时间才能够帮助用户养成观看习惯，提高用户的黏性。

最后，一定要严格按照预告的直播时间开播，满足用户的期待，避免用户的流失。

对于直播效果起重要作用的，除了上述直播时间的计划外，还有直播时长。对于常规性的直播来说，一般建议直播最低不能低于3个小时，按照目前主流直播平台的规则来看，低于3个小时的直播活动很难获得平台的大量流量支持。特别是对于新人主播来说，还没有获得足够多的忠实粉丝的关注，所以平台的流量支持会直接影响直播的效果，建议一定要有足够长的直播时间。

三 直播主题

直播主题的策划通常是撰写直播脚本的第一步。好的直播主题一方面有利于直播的传播和引流，另一方面可以使每一场直播都有区别于其他场次直播的特点，便于引导用户的消费升级。直播主题是一场直播的核心。直播主题的策划应该符合市场发展趋势，结合时下的流行热点，并把直播主题应用贯穿于整个直播过程中。现在比较常见的主题包括“双十一”购物节、零食节、美妆节、节假日、直播助农等不同的主题（如图3-5是一次地区产品主题直播活动）。整场直播的内容都应该是紧紧围绕直播主题进行展开的。例如，购物节主题的活动通常都要配合产品的特别优惠折扣，零食节的主题是围绕零食类产品来进行。如果直播的内容和主题不吻合，那么就很有可能会造成用户的流失。此外，直播标题的设计也要能够契合直播主题同时突出直播的亮点。

图3-5　地区产品主题直播

（一）策划结合热点的直播主题

在当下的手机时代，人们每天都要接收到巨量的信息，在这么大量的信息围绕下，想要抓住用户的注意，就必须要结合最新的热点。所以直播主题的策划，很有必要注重如何与时下热点相结合，以此来吸引更多人群的关注。这是规划直播主题的一个重要方法。直播主题如果能够与热点良好结合，可以有效增加在直播平台的内容曝光度，为直播带来更多流量。同时，与热点结合的主题可以更快速吸引大量用户的目光，并带动用户对直播内容的分享和讨论，从而吸引更多人群的关注。

那么，如何结合当前热点进行直播主题的规划呢？热点的维持时间非常有限，要想成功借助热点来吸引更多用户的关注，给直播带来更多流量，需要对每个热点进行深入的思考和挖掘。

首先，每一个热点都有其背后的故事和核心内容，直播策划在结合当前热点时，要深刻挖掘热点所代表的核心内容和价值；其次，将挖掘出的热点的核心内容和价值与直播内容深度结合，形成直播内容的亮点；最后，即使热点内容的最热关注时间点已经过去，但是这个热点仍然会给人们带来一段时间持续的影响，在这段时间内，仍然可以二次开发热点的价值，实现再次引流。

虽然结合当前热点进行直播主题的规划可以给直播带来好的引流效果，但是也要注意选择与直播内容确实有结合点的热点进行策划，避免生硬地设计，否则会被用户冠以“蹭热度”的评价，对于直播的宣传和转化反而会带来负面影响。因此，在进行热点的选择时，一定要进行理性分析，选择适合的热点展开主题的策划，这样才能真正实现为直播进行引流。（如图3–6所示）

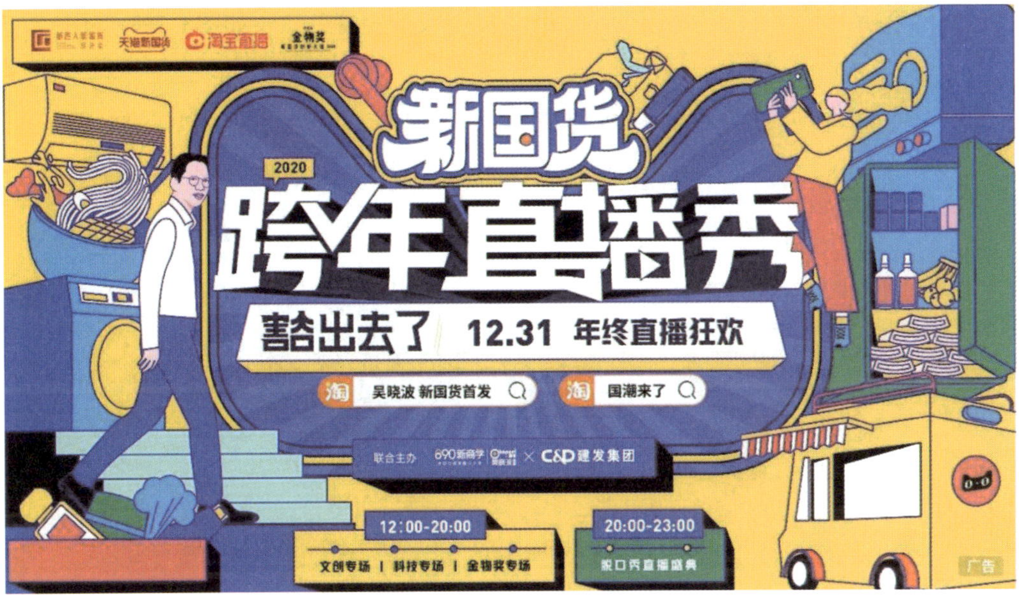

图3–6 国货主题直播

（二）直播主题要重点突出

同一款产品的直播，也可以策划出不同的主题。以生蚝海鲜为例，一个直播主题可以是围绕生蚝的种植、打捞、分类、包装等生产过程展开，强调它的原产地、新鲜打捞等特点。另一个主播主题可以是围绕生蚝的制作，从清洗、取生蚝肉、配菜准备、烹饪过程、酱汁调料的制作等展示如何做出一盘美味的生蚝。两个不同的主题，都没有单纯围绕推销生蚝展开，但是给用户呈现了更加可靠的商品背后的信息或者商品的制作方法，这是对产品更立体的宣传，也能给直播间带来很好的销售转化。

一个好的直播主题能够给直播间带来好的流量，同时也能够有效激发用户的购物意愿，提高产品的销售。

在直播主题的策划时，注意一定要能够突出产品特点，既要有独特性又要能够贴近生活。同时，整个直播的过程也应围绕直播的主题进行展开，直播主题应始终贯穿于直播过程中。

1. 直播主题突出产品特点

在策划直播主题时，一定要突出产品的特点。例如，一场以某个县的农产品为主要内容的直播，主题可以突出“助农”“产地原发”等特色。（如图3-7所示）

图3-7　助农主题直播

2. 主题要贴近生活

用户在直播间购买的产品大多是与自己的日常生活相关的，因此直播主题的策划也应该贴近人们的日常生活，这样更能够引起用户的兴趣。例如，夏季防晒技巧、厨房小妙招、早春通勤女装穿搭、年前购物大集锦、金牌吃货榜单等都是很贴近生活的

直播主题。（如图3-8所示）

图3-8 云南网助力湖北直播活动

四 设计吸引人的直播标题

正如我们在前文爆款直播标题的书写技巧中提到的，直播标题是一场直播给用户留下的第一印象，能够很大程度上决定用户是否会点击进入直播间。所以直播标题的设计一定要吸引人。如果没有吸引人的标题，即使直播的内容策划得再精彩，也很难吸引更多的用户进入直播间观看。同时，好的标题也便于用户转发、讨论和传播，能够给直播间带来更好的流量以及二次传播。

五 策划产品介绍

带货直播的核心直播内容是完成产品销售，那么如何介绍产品以提高直播间的下单率，是直播团队一直要不断研究的问题。主播在直播间向用户进行产品介绍的过程是一个典型的产品销售的过程，那么这个销售过程如何能够提高效率，就需要主播掌握一定的销售技巧。在营销领域有一些比较成熟的销售法则也同样适用于直播间这个销售场合，下面和大家分享一下其中适用性比较强的FAB销售法则在直播时的应用。

（一）FAB 销售法则（利益销售法）

FAB销售法则是一个典型的利益推销法则，而且是一个非常具体、具有高度、可操作性很强的利益推销法。它通过四个关键环节，非常巧妙地处理好了顾客关心的问题，从而顺利地实现产品的销售。

1. FAB销售法则介绍

当消费者在购物时，通常并不是为了购买商品本身，而是希望能够通过这件商品去解决实际问题或满足实际需求。FAB销售法则就是指在进行产品介绍时,针对用户的需求意向，进行有选择、有目的的逐条理由说服，促进成交。

FAB是三个英文单词的缩写：Feature、Advantage、Benefit。

F代表特征（Features），是指产品的属性，也就是产品构成的基本因素和包含的客观现实。例如，一个杯子是陶瓷的质地，那么“陶瓷做的”就是这个产品的客观事实，也就是它的一个属性。产品的属性可以从多个角度去挖掘，例如，产品的外观、质地、原产地、材料、制作工艺、规格包装等都可以作为一个产品的属性。

A代表优点（Advantages）：是指产品的优势、作用，因产品特点而带来的优点或是起到的作用。也就是F所确定的产品属性发挥了哪些功能，具有哪些作用？特别是能够区别于同类产品的独特优势作用。这也是要向顾客证明其必须要购买的理由。

B代表利益（Benefits）：益处、价值，是指产品能够给用户带来的利益或者如何满足用户的某些特定需求，即（A）商品的优势带给用户的好处。利益推销是这套销售法则的核心，一切以用户利益为中心，通过强调用户能够得到的利益、好处来激发顾客的购买欲望。

简单地说，FAB销售法则就是在确定用户最感兴趣的产品属性后，分析这一属性所具备的优点，明确这一优点能够带给用户的利益，最后提出证据来证明上述优点和利益，通过这样四个关键环节的销售模式，传递用户的核心属性信息，解答用户的消费诉求，展示并证实产品能够给用户带来的利益，从而推动用户下单采购的意愿。

按照FAB销售法则的顺序进行产品的介绍，是一个完整的很有说服力的销售过程，这样能够有效地打动客户，并促使用户相信商品并进行下单。（如图3-9所示）

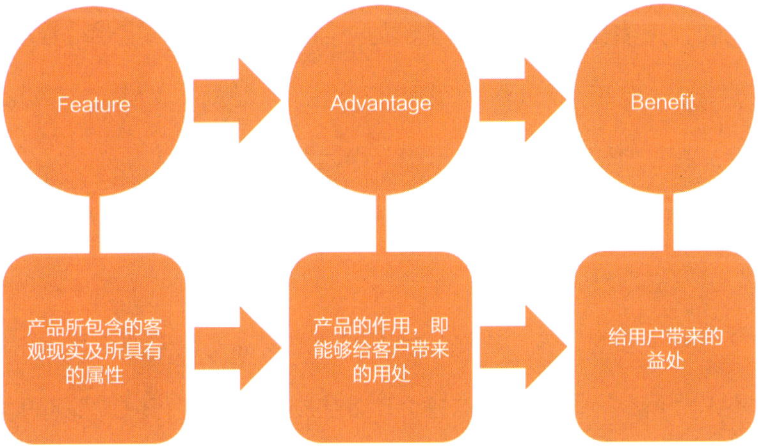

图3-9　FAB销售法则

关于FAB销售法则，营销学领域内有一个非常经典的案例——猫和鱼的故事。

一只猫非常饿了，想大吃一顿。这时销售员推过来一摞钱，但是这只猫没有任何反应——这一摞钱只是一个属性（Feature）。

猫躺在地下非常饿了，销售员过来说：“猫先生，我这儿有一摞钱，可以买很多鱼。”买鱼就是这些钱的作用（Advantage）。但是猫仍然没有反应。

猫非常饿了，想大吃一顿。销售员过来说："猫先生请看，我这儿有一摞钱，能买很多鱼，你就可以大吃一顿了，我手中的这个就是我刚刚买到的鱼。"话刚说完，这只猫就飞快地扑向了这摞钱——这个时候就是一个完整的FAB的顺序。

主播在直播销售时使用FAB销售法则，能够有效促使观众进行下单。例如，主播在直播间销售一款运动鞋时，使用FAB销售法则可以说"这款运动鞋的造型是配合慢跑力学结构造形并且使用了弹性极佳的泡棉垫底（F，产品的属性），所以在穿着它慢跑的时候会感觉非常舒适没有束缚感（A，产品特点所起到的作用），你跑起来会觉得特别轻松而且不容易受伤（B，产品对客户产生的利益）"。

为了能够让FAB销售法则发挥最大的效果，我们一定要明确目标用户的实际需求。猫和鱼的故事中，猫吃饱喝足了，它不想再吃东西了，而是想见它的女朋友了。那么销售员说："猫先生，我这儿有一摞钱。"猫肯定没有反应。销售员又说："这些钱能买很多鱼，你可以大吃一顿。"但是猫仍然没有反应。原因很简单，它的需求已经发生了变化。主播在直播间销售时也是一样，介绍产品一定要结合用户的需求。例如，用户的需求是价格实惠，那么主播在介绍产品时就要突出价格优惠的价值，如果一直强调产品特性所带来的价值，就很难引起用户的共鸣。

2. 如何运用FAB销售法则进行产品介绍的策划

（1）确定产品核心属性

每一种产品有很多的属性，有些属性跟产品的竞品是相同的，称为"通性"，有些属性则是本产品所独有的，称为"特性"。主播在直播销售时，要着重介绍产品具有的不一样的特性。

例如，主播在介绍一款保温杯的时候，如果一直在介绍和演示保温杯如何使用，这样观众不会产生兴趣，因为保温杯的使用方法都大同小异，强调产品的通性不能够有效引导用户下单，要介绍产品独有的特点属性，例如，这款保温杯容量大、保温时间长久、轻便易携、明星同款，外观设计独特等。

产品属性的确定可以从不同角度来进行，下面罗列几个常见的产品属性确定的角度：

①产品功能

随着人们物质生活的极大丰富，我们可以购买到的产品种类越来越细分。以美妆产品为例，爽肤水、防晒霜、乳液、隔离霜、粉底液等都是在清洁面部后使用的具有不同功能的妆容产品。在确定产品属性时，可以根据产品的具体功能来确定。

②产品成分

近年来，随着人们对生活品质的要求越来越高，用户对采购的商品，特别是食品、美妆产品、日常用品等的生产成分的关注度越来越高，同时用户也会因为产品中的某一个成分符合其需求而决定下单采购。针对这个用户采购行为的变化，可以有针对性地挖掘产品成分来作为一个产品的核心属性。这样可以方便主播介绍，也能够激发用户的下单愿望。例如，近几年非常火爆的乳胶枕，就是以乳胶这个主要产品成分作为一个核心属性来形成了产品介绍文案。

③品牌故事

随着社会的不断发展，很多品牌有了越来越长久的历史沉淀。这些具有一定历史的品牌，因为大家耳熟能详的历史故事，创始人的个人背景，产品创立的初衷，产地的独特性、有特色的品牌文化等在用户心中留下了深刻的印象，品牌已经成为它的商品最重要的属性。

那么，主播如何能够确定产品属性呢？通常情况，可以通过以下方式获取FAB销售法则中的产品属性：

①产品详情介绍

从产品说明书、产品包装上的介绍、官方网站上搜索的产品详情介绍，都可以找到该产品的基本特性和功能等信息，可以对这些基本资料加以运用。

②品牌方提供信息

品牌方对自己产品各方面的介绍信息都有非常深入的了解，主播可以通过与合作的品牌方沟通，以及从品牌方提供的资料中得到更多的产品信息，从而提炼出产品属性。

③ 主播使用体验

主播（或主播团队）通过对产品的亲自使用体验，可以从中观察、总结出产品的特点优点，通过FAB方法表达，会非常有说服力。

（2）提炼产品优势

在确定了产品的基本属性后，就要进一步去挖掘产品在这些属性方面所具备的优势。例如，防晒霜（属性）对应持久不油腻（优势）；笔记本电脑（属性）对应轻薄便捷、内存量大（优势）；羽绒服（属性）对应保暖指数高（优势）等。

这个产品优势的提炼对于销售转化是非常重要的，只有切中用户心意的产品优势，才能打动用户下单购买。产品优势的提炼可以从多个角度进行，下面仅列出其中几个常见的例子：

① 安全角度

产品在安全性方面有什么优势，如加工工艺精良、组成成分优质、干净卫生等。

② 功效角度

产品能够给客户带来什么样的预期功效，如从解渴、保暖、助眠等方面提炼产品独特优势。

③ 外观角度

产品的外观设计有没有独特的地方，比如造型耐看、线条流畅、颜色独特等。

④ 舒适角度

产品在设计或技术上如何让人感到舒适或愉悦，舒适性不仅限于穿和用的产品，像食品类产品也可以通过塑造传达欢乐幸福等体现舒适性。

⑤ 方便角度

从产品使用方法简单，能够给用户带来方便，或使用户节省时间等方面提炼产品特点，如铝铂包轻便易携带。

⑥ 经济角度

产品对于用户来说如何是一个非常划算的选择，可以从性价比让用户感觉到价格便宜实惠方面提炼，如加量不加价，也可以从经济保障方面提炼，如产品未使用可无条件退款等。

⑦ 耐用角度

质量好衣物耐穿、食品保质期长可存放等。

（3）明确采购产品的利益

在确定了产品的属性及其优势之后，还要明确购买这个产品能够给用户带来的利益，以此来促进用户下单采购。主播在向用户介绍购买产品的利益时，要站在用户的角度去建立产品属性、优点和用户实际需求之间的联系，让用户清楚了解购买这件产品后，将得到哪些益处。

例如，一款羊皮靴（属性）—皮质非常柔软（优势）—长期穿着也不会磨脚（利益）；或者一款纯棉质连衣裙（属性）—收腰款独特设计（优势）—非常显瘦，展露优美身材……

在产品介绍时对FAB销售法则的运用，可以帮助主播迅速抓住用户的关注点，在最有效的时间内向用户传递产品属性、产品优势、购买利益三个核心内容，这个法则可以应用于任何一款产品的介绍，对于主播把控直播间产品介绍环节有非常大的帮助作用。

（二）采用不同的产品展示方法

直播间通常每场直播都要推荐很多款产品，有些直播间甚至要推荐50个以上的产品。如果每款产品都是采用同样的陈述型的介绍方法，那么用户会产生审美疲劳，不利于直播间的销售转化。所以在做产品介绍策划的时候，要根据产品的应用场景、使用方法等采用不同的产品展示方式，持续吸引用户的关注度，延长用户在直播间的停留时长。例如，推荐食材时除了试吃以外，还可以现场烹饪食材，展示制作方法，而且可以在烹饪过程中，使用推荐产品中的厨具、调料、餐具等，这样能实现产品交互推荐，下单转化效果会更好；推荐电子产品时要能够如数家珍地介绍产品的各项数据指标，并可以通过一些不同产品的对比结果来体现主播的专业度，同时也给用户留下对这款产品更深刻的印象；推荐美妆产品时最常见的介绍方式就是现场给助理或者自己化妆演示等。这些不同形式的展示方法，可以让用户在观看直播时能欣赏到丰富的直播内容，拉近用户与直播间的关系，对销售转化有很好的促进作用。

下面列出几个在进行产品展示时可以采用的产品介绍的技巧。

1. 产品外观设计

直播间介绍产品时，用户的第一印象就是产品的外观。如果一款产品有比较具有设计感的外观，那么主播可以围绕产品的外观设计着重进行介绍。（如图3–10、图3–11所示）

图3–10　护肤品外观细节展示

图3–11　雨伞外观展示

2. 使用技巧

有时候一款产品的使用技巧可以很好地提升用户对产品的使用体验。如果在直播介绍产品时能够向用户推荐一些使用技巧，可以大大提高用户对产品的认可，有时还能有效解决已购买用户对产品使用的疑问，可以有效巩固用户对产品的印象。产品的使用技巧、制作技巧、搭配方式、问题解决方式等都是很好的介绍素材。例如，同一款围巾的不同系带方法，一款海虾的烹饪方法，户外登山背包每一个口袋适用

的物品等，这些使用技巧对于促进用户下单采购有非常好的效果。（如图3-12、图3-13所示）

图3-12 美妆产品使用技巧展示

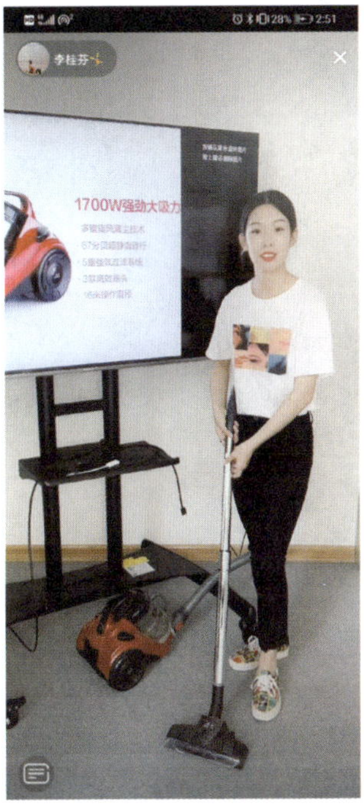

图3-13 小家电使用技巧展示

3. 使用效果展示

使用效果的展示是非常直观的产品介绍方法，特别适合于美妆类、服装、珠宝首饰等产品。主播可以通过使用效果展示引发用户去联想自己使用产品的效果。例如，在直播中口红的介绍通常都是由主播或者助理自己涂抹，或者为模特进行涂抹，来让用户清楚看到不同颜色的涂抹效果。（如图3-14所示）

图3-14 护肤品使用效果展示

4. 同类产品对比

同类产品的对比可以更有效凸显每一款产品的优势特色。分析同类产品的不同之处，可以加深用户对产品的印象。

图3-15　产品试吃展示

5. 产品试用

产品试用是直播间介绍产品最常用的方式，食物试吃、美妆产品试用、珠宝首饰试戴、服装试穿等。这些产品试用都是非常直接有效的产品介绍方式，让用户感同身受地了解产品的色彩、含量、尺寸、适用肤色、适用身高体重等各个方面，用户可以通过主播试用产品看到产品的实际效果，从而更愿意购买产品。（如图3-15所示）

6. 售后服务

通过电商进行采购，售后服务是非常重要的，主播在进行产品介绍的时候一定要清楚讲明产品的售后服务，让用户没有后顾之忧。

无论是上述例子中提到的哪一种产品介绍方法，都有一个共同点，那就是真实全面地展示商品，与传统电商产品的展示方法相比，直播销售最大的优势就是可以呈现产品的最直观的使用或者测试过程。这种直观的动态的展示，可以让用户对产品有更全面的真实的了解。直播试用，可以展示产品的功效或性能，也可以展示产品的使用方法和小窍门、注意事项等，并能够清晰地突出产品的优势特点。主播在直播间分享自己亲自使用产品的个人体会，或者邀请明星来体验产品，都可以提高用户对产品的信任度。

（三）设计产品介绍顺序

直播中产品展示的顺序也需要提前进行策划，这样既可以合理安排直播内容、把控直播流程和环节，同时还能够带给用户更好的观看体验。

产品的展示顺序可有多种思路，也可以把这些思路综合在一起来安排。

1. 按照产品销量利润类型排序

根据产品的销量和利润情况可以按照引流款—销量款—利润款的顺序安排。引流款很适用于直播开始的阶段，用来吸引更多的用户进入直播间观看和下单，然后可用销量款来激发直播间的用户参与的热度，最后通过利润款来提升直播的整体销售利润效果。

2. 按照直播活动排序

一场直播除了常规的产品介绍之外，为了活跃直播过程中的气氛，通常还要设计一些活动环节，如策划几款秒杀活动产品等。这些活动环节通常应该和常规的产品介绍环节穿插进行，这样可以不断地制造直播过程中的热点，延长用户的观看时间。

六 优惠促销和活动策划

（一）优惠促销策划

用户在直播间进行产品采购时，通常对价格是比较敏感的，或者说通常是期望直播间能够给出更低的价格或者更划算的下单方式。这个比较普遍性的期望，要求直播团队在直播选品时一定要和供货商洽谈获得最利于用户的优惠或者促销活动。（如图3-16、图3-17所示）

图3-16　薇娅直播间促销活动

图3-17　罗永浩直播间5折促销活动

直接折扣是最受用户欢迎的优惠方式，因为同样的产品可以以更低的价格购买是非常能引发用户的购买意愿的，而且也方便用户比价做购买决定。但是也有很多供货商为了保持品牌价格的市场一致性，避免影响已有客户对品牌或者产品的感受，不同意在产品单价上给出有吸引力的直接折扣，那么可以通过免邮费、组合商品购买、赠送赠品、多件购买打折等方式来给用户提供购买优惠。这些具体的折扣优惠方式需要直播团队在选品时和供货商洽谈清楚，并在直播前策划过程中清楚地介绍给主播和其他相关人员。

（二）直播活动策划

一场带货直播活动的核心内容是产品介绍，但是如果只有产品介绍环节，那么用户也会觉得有些沉闷，产生疲劳感。所以在直播策划中，还要充分考虑增加不同形式的直播活动，利用这些不同的直播活动来活跃直播间气氛，以及引导用户下单消费。常见的直播间活动形式有：

1. 抽奖

抽奖是提升直播间互动效果的有效方法，它可以给用户带来意外的惊喜，既能够达到直播间回馈用户的目的，也能够提高用户对直播的参与度，延长用户在直播间的停留时长，同时抽奖活动还可以作为引流方式来吸引更多用户访问直播间，以及为直播后的二次传播提供市场素材。（见图3-18）

图3-18 福利抽奖活动

抽奖的方式有很多，目前主播使用最多、也是最常规的方式是截屏抽奖，即主播随机抽选一位观看直播的用户，给予这位用户一定的奖励；也有很多主播鼓励粉丝在评论区留言、截取屏幕。这种方法还可以有效增加直播间评论区的互动率。另外一种比较常用的方式是转盘抽奖，转盘上有不同等级的奖品名称，主播转动转盘，将停下来的指针指的区域上标的奖品奖励给粉丝，这种互动方式通常都是用来给下单达到一定金额的粉丝加赠赠品。转盘抽奖的互动方式具有很好的娱乐效果，一般情况下，即使没有抽到奖品，主播也会选择赠送一些小礼物，增加用户黏性。除了这些常规方法外，主播也可以结合自己的实际经验、平台特性和功能等，开动脑筋，设计一些更有效的高级、趣味抽奖方式。

2. 发红包

就像平时总是很冷清的微信群，有人发了红包后，群里的氛围一下子就活跃了起来，很多潜水不说话的人也会为了抢红包而出现。事实上，直播销售也是同样的道理，在直播间里，用户也难以抵挡抢红包的乐趣和魅力。从这个角度来说，在直播带货的过程中，主播如果感觉直播间的氛围比较冷清，需要一个炒热气氛、带动话题、激发用户参与积极性的工具，红包就是最好的选择。在发红包时，主播最好采用不定时发红包的策略。这样一来，由于直播间的用户并不清楚红包的发放时间，为了得到红包，他们会一直待在直播间里，这样能够有效延长用户的观看时间。作为新手主播，如果你决定在直播过程中给用户发红包，那么，在直播开始之前，需要记得按照平台要求进行充值。（见图3-19）

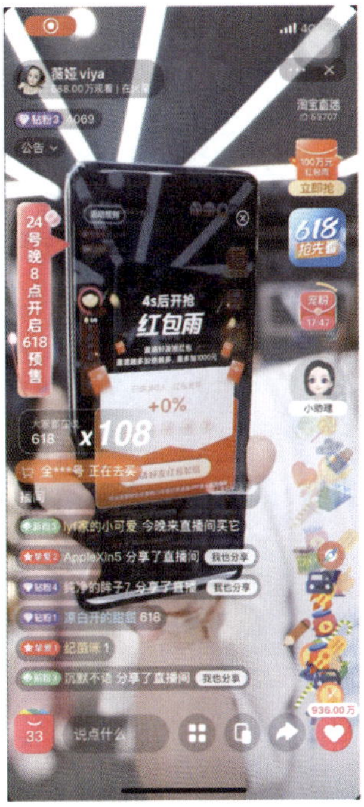

图3-19　红包雨活动

此外，红包也是直播平台最常用的一种促销手段，通常由直播团队与商家协商好，根据商家产品的销售需求和价格管理体系来制定直播过程中的红包发放原则和使用方法，用户领取红包后可以以更优惠的价格采购商品或者获得折扣。

3. 秒杀

秒杀活动通常是在有限的时间内给用户特价抢购的机会，可以很好地调动直播间的气氛，所以秒杀也是主播在进行直播带货时经常会使用的方法之一，是提升直播间人气的最有效方式之一，能够快速实现粉丝量的增长。秒杀的方法有很多，比如抢购优惠券、限时特惠价等，不管是哪种形式的秒杀，核心都是通过“优惠”去吸引用户，所以直播间秒杀的价格，通常与商品正常销售的价格相差很大，如安排原价几百元的产品进行“1元秒杀”，这样用户能够看到巨大的优惠力度，积极参与，秒杀才有意义。对于新手主播来说，秒杀是一种十分有效的互动方式，主播通过让利，吸引更多的用户留在直播间，并且实现下单操作，为日后的直播销售打下良好的基础。（见图3-20）

图3-20　薇娅直播面膜秒杀活动

七　直播脚本

一场带货直播通常要持续3～5个小时或者更长的时间，介绍的产品10～50个不等，这样一个时间长、产品多的销售活动，还要保持和用户之间的良性互动，对于任何一个直播团队来说都是一个不小的挑战。所以能够在直播策划过程中制定好详细的直播流程才能确保获得好的直播效果。直播是一个不断变化的过程，整个过程中涉及各类人员的配合、道具的使用、活动的安排、场景的切换等多方面的工作。因此，直播的流程规划越详细具体越好，最好能够具体到每一分钟，从几点开播，开播欢迎语的内容，几种互动形式分别在几点钟开始，每一款产品的介绍时长，使用哪些道具等都应该写入直播脚本中。在具体的直播过程中，主播以及其他团队成员要严格按照这个脚本中的计划配合完成直播。

一个完整的直播脚本既要包含上文介绍的直播时间、直播目标、直播主题、人员分工、直播活动，还要包括直播过程中的开场白、产品介绍核心内容和结束语等文案内容。每场直播的脚本都应该包含这些要点，但是直播脚本的内容并不是一成不变的，需要根据每次直播的内容做相应的变化，而且主播也要在直播过程中根据网友反馈或者突发事件来进行必要的调整，这样的直播脚本才能真正地发挥效用，为开展成功的直播打下良好的基础。（直播脚本通用模板如表3–3所示）

表 3–3 直播脚本通用模版

直播时间		
直播目标		
直播主题		
人员分工	主播	
	助播	
	场控	
内容提纲		
	10个产品	
	1次红包	
	1个抽奖	
	1个才艺表演	
注意事项		
直播时间	流程环节	具体内容
8:00—8:02	开场白	大家好，我是×××，
8:02—8:05	直播内容预告	今天给大家的推荐的产品有×××
8:05—8:35	第1–3个产品介绍	产品特点，品牌介绍，试用，优惠价格介绍，解答观众问题

续表

8:35—8:45	观众互动	答疑，抽奖
8:45—9:15	第4-6个产品介绍	产品特点，品牌介绍，试用，优惠价格介绍，解答观众问题
9:15—9:30	观众互动	红包
9:30—10:10	第7-10个产品介绍	产品特点，品牌介绍，试用，优惠价格介绍，解答观众问题
10:10—10:20	观众互动	才艺表演
10:20—10:25	下一次直播预告	
10:25—10:30	结束语	

直播新人建议按照上图的直播脚本通用模版来撰写自己的直播脚本，并可以根据自己的实际情况适当调整。

八 人员安排

一场直播活动通常是由一个团队的所有成员来共同完成，团队中每个成员的人物分工不同，承担的职责不同，但大家的最终目标一定是一致的。

但是有时候，因为人与人之间的交流讨论会存在信息缺失和理解偏差，所以针对同一个直播策划方案，团队成员也有可能会出现对目标的理解不一致，在具体工作中无法达成共识这样情况的发生。这会影响团队成员在执行中的配合效果，也有可能会发生分歧、矛盾和冲突，导致直播前准备工作不足，或者直播过程中的翻车现象。为了避免这些情况的发生，在直播前，一定要确保每个团队成员充分理解直播策划方案和脚本中的内容，明确每个人在整个直播活动中的角色和特别需要注意的地方，并确保大家都对直播目标的理解保持一致，并做出目标分解，将任务具体落实到个人，以最小化直播过程可能会出现的问题，并在出现问题的情况下，团队仍然能够不慌乱，各司其职，最小化突发问题的影响。

第三节 直播选品技巧

作为以产品销售为最核心目标的直播活动，在进行每一场直播策划之前，都要有计划地完成选品环节。什么是选品？选择要在直播间推荐销售的产品的过程，就是所谓的选品。要组织一场成功的直播带货活动，产品和运营占据了同样重要的地位。很多主播在直播选品时往往会单纯根据个人兴趣和爱好，凭直觉来选品，然后靠自身人气吸引流量完成转化，这样做虽然最开始可以很快看到一些销售转化，但是随着时间的推移，积累的人气被不断消耗，如果产品的选择不当，无法形成逐步提升的销售转化，那么直播间就不能获得长期发展。产品选择得当，营销可以获得良好的效果，反之如果产品选得不合适，无论直播团队在运营的其他方面做得再好，也无法获得出色的销售业绩，还有可能影响用户的直播体验，发生掉粉的现象。

再火爆的直播间，也不可能销售所有品类的产品，因为直播间的用户群体是有特定的画像的，不符合这个特定画像人群的需求的产品，或者产品性能、产品质量、性价比等方面没有优势的产品不仅无法在直播间实现好的销售结果，而且会影响用户对直播间的感受和评价，甚至有时会引发直播间的危机事件，产生负面影响。所以选择适合主播定位的产品，对直播间的发展而言是至关重要的。

一 直播选品的基本原则

选品一定要选择品牌可信度高、质量过硬、售后服务体系完善、供货渠道正规合法的产品。

2019年11月，中国用户协会与人民网舆情数据中心联合发布2019年十大消费维权舆情热点，其中指出“直播带货”中的产品质量、售后问题严重影响了用户体验。因此直播带货必须要严把产品的质量关。为确保产品以及售后服务质量，在策划直播选品的过程中，一定要选择来自正规合法企业的产品。相关企业必须经国家备案（可以通过工商系统网站查询），并且没有违规记录，没有被列入失信黑名单。

直播间带货，主播的信誉至关重要。如果出现产品质量问题，或者大量售后投诉的情况，会直接影响主播的形象和人设定位。所以在选品时一定要关注产品的质量，优选得到权威机构认证、行业内口碑极佳的产品。

二 直播选品的商品来源

（一）主播自有品牌

例如，薇娅直播间经常会介绍自有供应链提供的配饰、服装等产品（见图3-21），而且是只能在薇娅直播间和电商店铺才能买到的商品，主播对这类来源的产品是可以有效控制价格和利润的。

（二）其他品牌商家提供的产品

这一类的产品占据了直播的绝大多数，产品通常是由直播团队与品牌商家签订直播合作协议，由主播进行直播产品推荐，品牌商家负责客服、发货和售后服务，其中如果能够由生产厂家作为直接供货方，还可以省略中间的流通环节，保证一手货源和更好的价格优势。

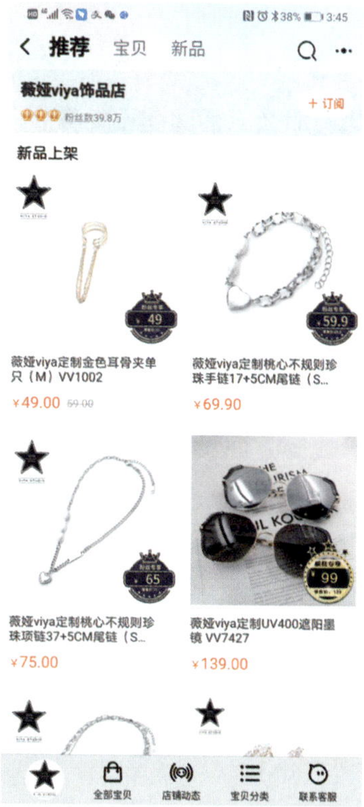

图3-21 主播薇娅的淘宝饰品店

（三）来自供应链平台的产品

现在的直播平台包括抖音、快手都有自己的完善的购物联盟系统，例如，快手的好物联盟（见图3–22），非常适合既没有自己的产品，也没有合作供货商的新人主播，可以在直播平台根据自己的定位直接选择合适的产品进行直播带货。除了这些直播平台外，还有第三方的供应链平台与直播平台已经实现了技术对接，可供主播直接在线选择商品。这类产品的价格、活动和销售返佣都是比较公开的，直播团队基本上对利润空间没有什么把控能力。

图3–22 快手好物联盟平台

三 直播选品的技巧

（一）与主播人设匹配

直播产品的购买者就是直播间的核心用户，而吸引用户进入并停留在直播间的首先是用户对主播的印象，这也是主播的人设定位发挥的作用。所以，主播通过直播进行产品推荐，卖的既是商品，也是人设，产品与主播之间要有很好的契合度，才能引发用户的购买愿望。所以在做产品选择时，一定要选择符合主播人设定位的产品，这样才能保持主播风格与产品之间的一致性，避免给用户带来违和感。同时主播才能更好地把产品的卖点更有效地、清晰地传达给直播间内的用户，促进用户的购买行为。

例如，“口红一哥”李佳琦作为“最懂美妆的男闺密”，其直播间出现最多的产品是美妆护肤产品；薇娅作为“邻居家的姐姐”这样的人设定位，她的直播间会推荐很多与家庭生活相关的产品。

（二）符合核心用户采购需求

在选品时，还要充分考虑到直播间核心用户群体的需求。不同的用户群体通常有不同的产品喜好和不同的消费能力。推荐用户需要的产品才能获得最高的回报，并进一步巩固自己的用户群体。例如，男性用户群体更喜欢了解电子类、运动类产品，对美妆护肤兴趣不大，而女性用户更关注美妆护肤、生活起居、教育类产品，针对这两类人群应该要做不同的产品推荐。

了解用户的需求对于选品环节是非常重要的，所以直播团队一定要做好功课，对自己的核心用户群体有充分的了解和分析并形成准确的用户画像，包括年龄、性别、消费能力等，然后有针对性地分析他们感兴趣的产品类别。此外，主播还可以通过直播和运营环节来不断收集用户的需求。例如，李佳琦的公众号设有“产品许愿”板块，让用户提交他们想要的产品和品牌，主播也可以在直播过程中询问用户想要什么产品，这些信息的收集整理为后期的选品提供了非常重要的参考。而且，主播对用户需求的关注还可以拉近和用户之间的距离，引发更多用户互动，给用户带来“我要再来这个直播间，看看有没有我要买的产品”这样的期待感。

（三）选择性价比高的产品

用户对于直播间商品的销售价格往往敏感度非常高，所以在做选品策划时要侧重选择有价格优势或者促销活动优势的产品。在直播间推荐性价比高、单价比较低的产品会更具有优势，既能吸引用户进入直播间，也能有效实现销售转化。例如，淘宝头部主播在直播间推荐的产品通常会给用户提供“低价保障”“无条件退换”“多项赠品”等福利，最大限度地为用户争取权益，这样一方面让用户放心购买，提高销售量，另一方面让用户对主播产生很大的信任感，能有效提升复购率。

（四）选择产品特点清晰的产品

产品的卖点是打动用户的关键，选择卖点明确的产品，也就是要选择在外观、款式、质地、功能等方面拥有较为显著特点的产品。有卖点才会有市场，产品卖点明确，可以帮助主播打破用户心理防线，促成用户购买行为。例如，颜值高的产品更容易激发用户的购买欲，所以在选择产品时应尽量选择一些外观漂亮、设计感强的产品，以抓住用户的眼球，使用户产生购买意愿。

（五）选择产品市场认可度高

市场认可度高的产品已经具备较成熟的市场，并且通常有很好的品牌背书，在推广、销售过程中更具优势，更容易激发用户的下单意愿。特别是新人主播，在刚入行直播带货的时候，建议选择成熟产品、销量比较高的产品，来带动直播间的销售转化，同时积累用户的信任感，提升用户群的黏性。

（六）产品复购率高

一个直播间的核心用户群体是相对稳定的，所以产品的购买频次将直接影响直播间的销量，同时也会影响用户的活跃度，因此应尽量选择一些复购率较高的产品，如食品、生活用品、美妆产品、服装等快消品。如果用户的首次购买体验良好，就会在直播间再次下单。

（七）便于展示

直播间推荐的每一样产品都要给用户做完整的展示，有时不仅要展示产品，还要展示使用方法或者使用过程，例如，厨具和需要加工的食品需要展示使用和制作过程，美妆类产品要展示上妆过程等。而体积小、重量轻的产品更便于主播在直播间进行全面展示，所以也更适合在直播间进行推荐。

四 直播产品的选品搭配策略

一场直播通常有10种以上的产品，要获得最好的销售效果，要特别注意直播产品的搭配策略。如果所选产品都是同一种类型的，销售折扣策略也相同，那么用户很快就会有审美疲劳，降低用户的参与度，从而影响最终的销量。同时，直播带货追求的并不是一次性交易，而是通过直播带货这种方式形成核心用户群，通过不同的产品搭配策略来实现用户对主播推荐的产品长期持续性购买。所以，直播带货应做好选品和价格促销方案的洽谈，在让用户受益的同时，获得更好的直播效果。

通常，在直播间销售的产品根据其销量、利润率，在直播产品策略中的作用等可以被分成不同的类型，直播团队可按照引流款商品、跑量款商品、利润款商品来进行选择搭配。

（一）引流款产品

引流款商品顾名思义是指能为直播带来很多流量的产品。引流款产品通常是受众人群比较广的，而且通常是已经有了广泛的用户基础的产品，价格比较低，利润通常也会很低，可以用它来吸引大量的用户进入直播间，实现最好的引流效果。例如，卖护肤品的直播间可以选择面膜、护手霜等用户使用率比较高的产品，卖居家生活类用品的直播间可以选择水杯、保鲜膜等。

（二）跑量款产品

跑量款产品是指市场热度非常高、曝光量高、销售量火爆的产品。通常情况下，跑量款商品的价格不会很高，而且通常也不是利润的主要来源。跑量款产品主要是用来增加直播间竞争力的，其最大的特点就是性价比高、销量大，可以作为支撑整场直播间销售额的产品。

策划跑量款产品的主要目的就是为了提升成单量，和用户形成实质性的商品交易关系，从而提高用户的黏性。跑量款产品既可以是市场上火爆的产品，也可以是在直播间通过设计策划打造出来的。跑量款产品通常要有非常好的供货源，同时要在最初开始销售这个产品时就尽量压低售价，降低利润，为跑量款打造铺设准备。

（三）利润款产品

除引流款商品和跑量款商品外，还有一类就是利润款商品。顾名思义，以利润为主要目的进行推荐的产品。在通过引流款产品获得更多的用户进入直播间，并通过跑量款产品吸引用户下单购买，下一步就是通过利润款产品来实现直播销售的利润获得。

确定直播商品的种类、数量与比例（直播商品结构设置）是经营店铺的一个重要环节，是直播销售的基础。

五 主流直播产品统计分析

直播选品要想获得最佳的销售转化率，一定要与大众的需求相吻合，根据主流直播平台的统计分析，抖音直播间销售的产品品类中排行前三的分别是男装女装、美食饮品和珠宝配饰（见图3-23）。直播团队在进行选品的时候，也要注意关注这些行业数据统计，以此为直播间选品的决策提供思路。（图3-24是淘宝直播2020年成交金额增速前10的行业）

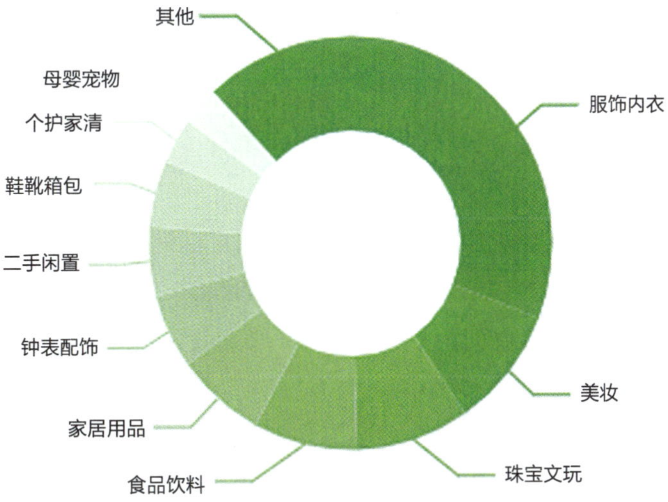

图3-23 2021年7月抖音带货商品品类销售量占比图

图片来源：飞瓜数据。

图3-24　2020淘宝直播TOP10行业

图片来源：《淘宝直播2021年度报告》。

第四节 预热引流

总结起来，直播带货常见的问题有四种，第一种，没有粉丝基础，不知道如何通过账号运营积累粉丝；第二种，没有流量，直播没人看，不知道通过哪些方法能够为直播间进行引流；第三种，不会卖，在直播间卖货讲了半天，下单的人寥寥无几，不知道该如何介绍产品才能增加销量；第四种，低转化，即使有了粉丝基础和直播间流量，但是不知道怎样设计脚本和营销方式，才能更好地促进销量转化。本小节针对第二种问题，重点为大家介绍，哪些方法可以为直播间吸引更多的流量。

一 流量的重要性

在互联网领域，用户在网上点击、浏览、注册等行为，都会变成数据。数据形成数据流，而数据流的数量，就被称为流量。在直播领域中，通常将直播间浏览量，也就是用户访问量累计（总PV），称为直播间流量。

很多新手主播在刚开始直播时，可能都会有一个困惑，就是明明已经很努力在播了，为什么直播间的流量还是很低。有些主播连续几个月，每天开播好几个小时，但是直播间一直没有流量，经常只是几个人甚至有时连一个观众也没有。最主要的原因是准备工作没有做充分，引流没有做好。

直播流量是一个非常复杂的体系，需要充分的前期准备以及时间的积累，即使是大牌明星，在没有进行任何准备和发布预告的情况下，如果直接开播，流量都会非常有限。像薇娅、李佳琦这样的头部主播，每次开播前都会做非常充足的预告和引流工作，更何况是没有名气的新手主播。没有掌握正确的方法，盲目开通直播，直播间没有人进来，直播过程再努力、产品再好、策划再完美，也不会有理想的效果。所以，是否做好引流，是一场直播能否成功的关键环节。

二 流量的来源

流量的来源，就是要建立引流矩阵，从各个平台获取公域流量，再将公域流量转化为私域流量，能够让流量产生更大的价值。（见图3–25）

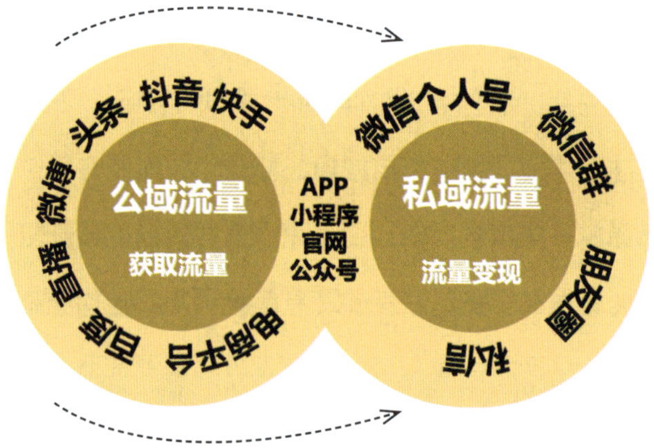

图3–25 直播引流的主要渠道

（一）公域流量

公域流量指各大平台上的公共流量，也就是商家直接入驻平台实现流量转换。比如大家熟悉的拼多多、京东、淘宝等，以及内容付费行业的喜马拉雅、知乎、得到等公域流量平台。

（二）私域流量

私域流量是指企业、品牌或个人私有的流量池把平台上的流量引进来并储存起来，变成自己的流量。例如，一些通过微信朋友圈分享进入直播间的用户，在观看直播后进入粉丝群等，就属于私域流量。

现阶段的直播带货领域，比较普遍的做法是在公域获得流量到私域进行运营。现在是存量市场，流量极为珍贵，所以重复利用非常重要。主播可以通过直播前引流、直播中互动、直播后运营，积累自己的私域流量，构建全链路闭环。

值得注意的是，现在很多直播平台都有严格的要求，禁止私域流量维护，有些平台只允许建设自己的平台群，这样是不能进行导流的，不能算真正意义上的私域流量，只能说是公域流量的集合体。主播在转化私域流量的时候，要注意平台规定，避免限流、封号等不必要的麻烦，会对之前积累起来的直播账号和流量基础产生很大的影响。

三　引流的渠道和方法

上面提到，直播引流，就是吸引流量，让大量的人通过各种渠道进入直播间，这是为了保证直播带货效果必不可少的环节。引流的方法，我们可以归类为站内引流和站外引流两种。

（一）站内引流

站内引流，指的是主播在自己进行直播带货的平台内进行引流。主播可以遵守直播平台的游戏规则，获得平台的推荐以及流量倾斜。

1. 发布视频作品和直播预告视频

主播在直播开始前，为了进行预热，可以提前在自己运营的账号上发布短视频作品或者直播预告（见图3-26）。如果有需要的话，也可以选择在平台规则允许的范围内，将自己之前上过热门的作品重复发送或者购买平台推广，以在直播正式开始前，最大限度地收获流量。

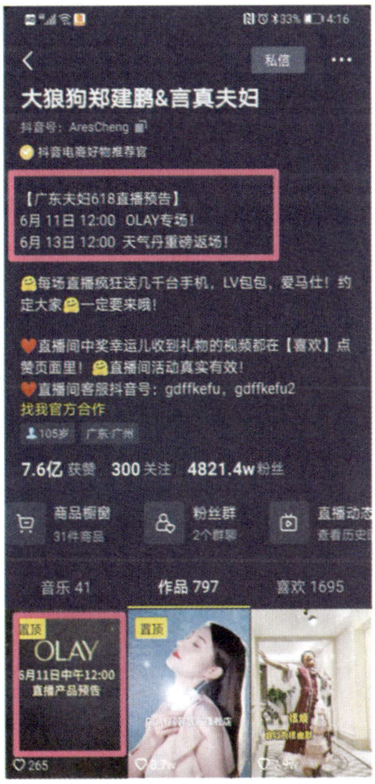

图3-26　站内引流

2. 发送站内提醒和粉丝团预告

直播平台通常有“推送”“提醒”或“发布”功能，我们在平台浏览时，经常会收到弹框提示所关注的主播正在直播，可以点击进入直播间。这就是主播使用平台的提醒功能，直播开始时，主播可以将直播消息直接推送给关注直播间的粉丝，将老粉丝的流量引入直播间（见图3–27）。主播还要注意老粉丝的维护，粉丝团预告也非常重要（见图3–28）。

图3–27 站内信息引流

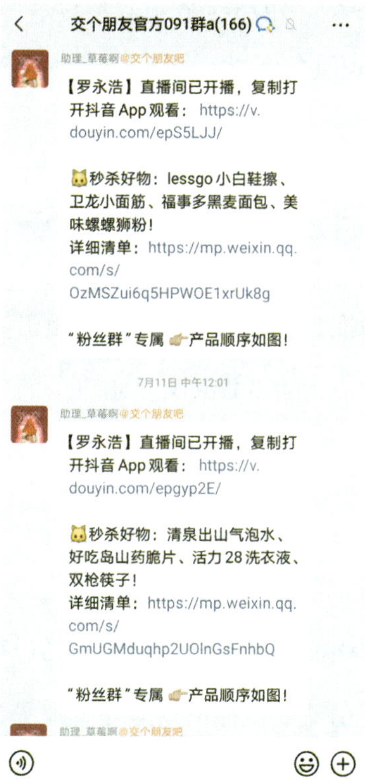

图3–28 社群引流

3. 引导互动提升直播间热度

各大平台的流量分配背后是非常复杂的算法，影响平台流量分配是多维度的因素，直播间的热度毫无疑问是其中之一。主播在直播过程中，通过话术引导提高直播间的点赞、互动、评论等，更容易获得大量流量进入直播间。

4. 直播中连麦引流

连麦是直播销售效果显著的互动方式之一，目前抖音、快手等主流平台都已开通了这项功能。在平台上连麦通常是直播中的两个主播进行连线，主要分为连麦互动和连麦PK两种形式。

连麦互动通常是主播之间通过直播间连麦互动造势，以一个共同话题作为切入点，相互交流、进行产品分析和探讨，增强直播间互动性和粉丝对产品的了解及接受程度，提升粉丝的新鲜感和黏性，起到增粉、增流的效果；连麦PK通常是主播之间通过直播间的粉丝刷礼物或下单的金额数决胜负，PK的方式更能刺激粉丝进行消费，提升主播的人气。直播领域存在利用流量复利培养主播的现象，从而形成主播品牌矩阵，产生主播品牌连锁效应。新手主播可以加入主播矩阵，在直播过程中同其他知名主播甚至超级主播连麦，通过借助知名主播和超级主播的粉丝和强大的影响力，能够实现迅速涨粉。

现在一些直播带货平台也可以支持主播与粉丝的连麦互动，有效带动粉丝的热情和参与积极性，能够带动直播间活跃度、增强粉丝黏性。

除了利用平台功能连麦以外，有些主播也会在直播间现场通过语音和视频的形式连麦人气明星、网红、产品相关专业人士等。主播现场连线人气明星和网红主要目的是增加直播间流量；而连线和当天销售产品相关的专业人士，如某领域的专家、品牌负责人等，主要目的是通过和专业人士的互动交流，增加直播间观众对产品的了解和信任度。

需要注意的是，连麦（连线）对方的互动节奏很可能和直播间之前的节奏不一致，气氛冷场或尴尬就会导致用户的流失。所以在连麦（连线）过程中，主播要时刻关注直播间气氛，如果发现气氛掉下来要及时调整，带动节奏把直播间气氛烘托起来。

5. 评论区留言引流

很多人在看直播的过程中，除了会关注直播本身外，也会关注直播间的评论和留言。而当评论区出现了某个其他主播的直播信息时，如果这个主播的留言或评论足够吸引人，用户们便会顺势点击进入该主播的直播间。

具体来说，评论区引流就是主播在运营直播账号的过程中，找到一些跟自己定位类似、用户众多的头部主播的直播间，然后在这些直播间的评论区内发言，吸引用户。对于直播带货而言，评论区引流是一种既简单、又高效的引流方法。如果新手主播的直播间没有足够的观众，那么就可以进入相似类型头部主播的直播间，当头部主播提问时，新手主播可以用自己的直播账号频繁地与之互动，这样能够引起更多人关注，在必要情况下，还可以给头部主播送一些礼物。同时，在头部主播直播的时候，新手主播可以寻找一些适当的时机在评论区里宣传自己。比如进入一个服饰类头部主播的直播间，如果在该直播间中有用户询问“有没有衣服的配饰”，该头部主播说“没有配饰，我们这里只有裙子哦”，那么此时新手主播就可以回复这位用户“我这里有很多跟主播推荐衣服搭的配饰，都非常漂亮，有兴趣的可以关注我”，这样就有机会将提问的用户以及其他对这个问题感兴趣的用户引流到自己的直播间。

值得注意的是，评论区要进行软性引流。大多数人都对广告非常反感，如果评论区里发表的内容有非常明显的广告痕迹，则容易遭到用户排斥，难以实现引流的目的。因此，在进行评论区引流时，主播一定要注意对用户定位进行分析，实现广告内容在评论区的“软”着陆。具体来说，就是要对目标人群进行精准的定位；充分了解自己所吸引的用户群体；弄清楚用户的关注点，即明确可以用什么方式来吸引这个用户群体。

6. 站内付费引流

现下各大平台都会为主播提供各种方式的付费推广服务。

比如抖音的“Dou+”是抖音直播平台为用户提供的一种视频付费推广工具（见图3–29），能够高效提升视频播放量与互动量，提升内容的曝光效果，满足抖音用户的多样化需求。主播可以为直播购买推广也可以为预告购买推广。

比如快手平台，快手直播推广是通过开通快手小店通进行推广投放（见图3–30），小店通推广将直播间引流到快手APP推荐页，用户感兴趣点击进去观看直播，小店通广告是按点击计费，通过落地页/商品详情页、快手账号主页进入直播间。快手主播在直播过程中，也可以操作站内付费引流，点击直播间下方的“更多”，选择“直播推广”，选择“期望增加观众（人数）”“每位观众推广费（快币）”和投放内容（直播间、作品），通过支付快币的形式进行支付即可进行推广。想要在快手平台直播付费推广，记得提前充好快币。

付费推广可以更好地为直播间引来更多的流量，不过还是建议新手主播有了一定经验积累、能够精准地确定自己的目标粉丝群体、主播的人设定位、直播流程各个环节非常熟练后，再考虑付费推广。这样付费引来的流量实现销售变现会收获更好的效果，不然，就算通过付费推广吸引来了一波流量，直播间的内容无法吸引用户，也会很快流失，造成资金浪费。

图3-29 抖音付费引流

图3-30 快手付费引流

7. 参与平台活动

各大平台经常会举办各种各样的直播活动和话题活动，通常所有人都可以参与，或是参与要求门槛很低，但是会获得平台提供的热门资源位、海量曝光资源、丰厚的流量奖励等相关平台资源支持。主播积极参与平台官方组织的如双十一、圣诞节、年中带货、助农等直播活动和话题活动，就会获得官方活动资源流量分配，获得更多的免费流量机会。

（二）站外引流

站外引流，即脱离直播平台内的引流。对于主播来说，除了重视站内运营外，站外运营也不容忽视，尤其是对于新手主播而言，想让更多的消费者看到自己的直播，就必须通过多渠道进行宣传预热。所以，通过站外运营吸引粉丝进入直播间是十分重要的方法。

1. 通过微信引流

微信是我国目前使用人数最多的社交工具，直播销售员在微信上可以通过多种方式发布直播预告。首先，主播可以通过朋友圈推送直播预告，并设置转发福利。例如，“转发此条信息至朋友圈中，可凭截图领取20元代金券”。这样便可以通过消费者的朋友圈转发实现直播宣传。其次，主播可以通过微信公众号发布直播预告，将直播间的链接放在微信公众号中，让消费者能够更加便捷地进入直播间。此外，主播也可以将直播预告分享到人数多的微信群里，也会吸引到很多的流量关注。

2. 通过微博引流

除了微信以外，作为主流社交媒体的微博也具有极高的流量价值。根据微博官方数据显示，2020年微博用户最高日活用户达2.24亿个，90后和00后占比近80%，呈现年轻化趋势。为了让更多人在微博上看到直播预告，主播可以通过转发抽奖的方式引导消费者转发微博。例如，主播可以发布“转发+关注，晚上10点抽取1人送出华为mate40pro手机一部，今晚见！”。转发抽奖活动可以充分调动消费者转发微博的积极性，而且微博的曝光率要远大于微信朋友圈的曝光率。主播积极引导消费者转发直播预告，可以增加直播预告的曝光度，进而在直播开播时获得更多流量（见图3-31）。

图3-31 微博引流

3. 通过QQ引流

QQ作为一款诞生超过20年的产品，是许多“90后”的第一款社交工具。从当时流行的QQ秀、空间互踩，到现在“00后”间流行的厘米秀、暖说说、养火、扩列，围绕这款社交媒介，衍生出不少流行词，时至今日，仍有大量的粉丝群体。相比较微信而言，QQ的功能更加全面，而且有很多人加了各种QQ群，据调查显示“95后”更喜欢聊QQ而非微信。主播可以通过将直播预告分享到QQ群的方式，为直播间引流。

4. 通过论坛引流

在生活中，很多人想要找到合适的产品时，喜欢逛论坛来寻找。很多区域生活论坛网站，母婴、旅游、美妆、日用百货等内容分类清晰，用户需求划分明确，很容易找到对应的板块分享有价值的内容，目标用户精准、吸粉能力也非常强。值得注意的是，主播最好不要选择商家端的论坛，这是因为商家端论坛的吸粉能力往往较低，即便是吸引粉丝进入了直播间，也不够精准，很少有自己的目标用户。

5. 发动朋友和粉丝团进行站外分享

对于新手主播来说，在直播开始前，可以发动身边的朋友和粉丝团，帮忙对直播预告进行分享，从而获得更多的新流量。为了鼓励朋友和粉丝团帮忙多多分享转发，主播可以设置转发福利，老粉丝带新粉丝，新粉丝带动流量，从而建立良性的流量渠道。

6. 线下引流

当自身拥有线下实体店或者与拥有线下实体店的品牌商合作时，主播也可以把直播预告投放到线下实体店中。许多习惯于在线下实体店购物的消费者或许没有接触过直播购物，但其对产品是有需求的，他们也极有可能成为主播直播间的粉丝。因此，主播要吸引这部分消费者关注自己的直播。

主播可以在实体店的店外设置包含直播信息的展板。在设计展板时，主播需要注意应将直播的重点内容突出在展板上，让消费者在看到展板时第一时间能看到直播平台、直播时间、直播账号、惊喜福利等信息。主播也可以把直播预告内容做成传单，在店内发放给消费者；或者叮嘱实体店内的店员，在消费者结账时向消费者宣传主播的直播信息……

由于经营实体店所要付出的成本远高于直播销售的成本，所以通常直播间销售的产品可以获得比实体店中更为优惠的价格。主播在线下实体店做直播宣传时一定要把握住这种特性，强调自己直播中出现的产品会比实体店中同样的产品更加划算。这样就会有更多追求实惠的消费者观看直播。

现在有些线下商场，会搞直播联动活动，在商场内显眼的位置设置直播商品预售区，直播商品预热，线下线上联动，相互引流。

7. 站外付费推广

除了免费的分享外，主播还可以根据自身需求情况，选择站外付费推广引流。首先，主播可以找人数多的微信或QQ群，和群主谈推广合作，在群里发布直播预告；其次，主播可以选择在微博、微信、QQ等社交平台上付费进行精准广告投放，让目标用户群体看到直播信息，为直播间吸引更多流量；最后，主播可以和微信公众号、微信微博大V合作，进行付费推广。这些账号拥有庞大的粉丝群体，具有很强的号召力和影响力，主播可以借助他们的影响力为自己的直播做宣传，从而带来更高的转化率。值得注意的是，不同的社群、公众号和大V有不同的定位，寻找付费推广的合作方一定要符合自身的账号、人设或者产品定位，只有选择合适渠道进行付费推广，才能实现最高效的宣传推广。

四 直播预告

直播预告是对主播整场直播内容的一个小小告知，通常直播间三分之一以上的观众都是被直播预告吸引而进入直播间的。现在直播行业越来越成熟，优秀主播越来越多，观众的需求也随之提高。很多观众不会再像之前那样蹲守在直播间里看一晚上，为了看有没有自己想要购买的产品。所以，直播预告的作用就变得非常重要，可以让观众精准地了解到本场直播要上架的产品。可以说，直播预告能实实在在地影响直播间的流量情况。每一位从事直播销售的主播都需要重视直播预告的工作。

（一）直播预告的内容

直播预告

直播前的预热能让主播在直播开始前获得更多消费者的关注，提前为直播积累流量，让直播赢在起跑线上。发布直播预告的目的，就是引起观众的好奇心，让观众能够期待开播、等候开播。这就需要主播使用一些能够吸引消费者兴趣的宣传方法。宣传预告做到位，才能够吸引更多消费者的关注。

直播预告通常包含三大要素：时间、内容和福利。即要告诉观众，你是谁？是做什么的？有什么爆款产品？有什么爆火消息？什么时间开播？可以提供什么福利优惠？

直播预告发布时间，通常在直播前1～3天开始预热，直播前60分钟开始阶段性发直播预告，可以每隔15～20分钟发1个跟本次直播相关的作品。这样就会有更多在社交平台及直播平台上的观众看到直播信息，从而进入直播间，有效增加直播间的流量。（如图3–32、图3–33所示）

图3–32　直播预告

图3–33　直播预告

（二）直播预告的形式

1. 视频形式

随着现代信息技术的发展，如今人们的生活节奏加快，视频尤其是短视频的信息传播形式更加受到大众的喜爱，从短视频中，人们可以更快速地获取想知道的信息。视频形式比文章形式更容易理解，认知门槛更低，受众范围更广，并且视觉冲击效果和情绪渲染效果更强。因此，越来越多的企业倾向选择视频进行宣传推广。主播在直播前制作直播预告时，也可以选择视频或短视频的形式，这样能够更加生动更加直接地将信息传达给观众，主播团队创作发挥的可能性也更大。

2. 硬广告形式

硬广告（简称硬广）形式的直播预告指的是直接将直播时间、直播产品、到访嘉宾、惊喜福利等展示出来的传统广告形式。主播可以直接在官方网站、认证微博、官方微信公众号等官方媒体平台发布自己的直播预告。现在直播带货已经普遍被人们所接受，只要文案、海报内容好、信息清晰、展现诚意配合低价或福利诱惑，硬广直播预告很多时候并不会引起人们的反感。相反，很多粉丝甚至会专门守着自己关注的主播发布直播预告，好从中找到自己需要的产品，并且能够准时进入直播间进行购买。

3. 软文形式

软文形式的推广，是指以文字的形式对自己所要营销的内容进行推广，让更多的人了解、接受，从而达到宣传的目的。软文形式的精妙在于，让读者没有看出是一篇推荐性的文章，从读者角度，在标题、开头、正文等部分看不出任何广告的迹象，当对方读得正起劲的时候，在结尾处巧妙地衔接透露主播要直播的时间、内容、主题等。等到对方发现这是一篇软文的时候，已经冷不丁地掉入了被精心设计过的“软文广告”陷阱，出其不意，反而能够有效引起对方兴趣，降低看到广告反感的感觉。

第五节

短视频策划与制作

短视频一般是指在互联网上传播的，时长比较短的视频，这是一种新兴的互联网内容传播方式。短视频的时长通常在几秒钟到几分钟不等。与文字、图片、传统视频等传播素材相比，短视频具有成本低、制作周期短、传播速度快、社交属性强、符合用户碎片化时间观看需求等特点。

随着短视频平台的发展以及移动端软硬件技术的不断成熟，短视频这种信息传播方式已经在众多的信息传播方法中具有了越来越突出的地位。相较于其他传统的信息传播营销方式，短视频营销所具备的优势越来越明显。

首先，短视频内容呈现形式更加丰富。与静态的图文传播相比，短视频作为一种动态传播方式，在画面的呈现上可以包含文字、声音、音乐、剧情、旁白等多种形态，能够更迅速地抓住观看者的注意力。短视频给用户提供一种立体化的全方位的信息获取方式，可以更迅速地调动用户的情感，引起用户的共鸣。

其次，短视频的互动性很强。用户可以通过关注、点赞、留言、翻拍、转发等不同的形式进行互动。这些多样的互动形式大大增加了用户对短视频传播的信息参与感，而且能够有效地加深用户对短视频内容的印象，提高了短视频信息的传播效果。

而短视频与直播销售的结合，能够为用户提供更多更直观的内容，带来更好的用户体验，大大促进了直播销售的效果，实现为直播预热宣传引流的作用。所以，短视频经常会被运用到直播活动的直播前和直播后营销推广中。随着短视频平台和直播销售带货市场的共同发展，现在已经有越来越多的短视频平台同时具备了直播功能，而电商直播平台也接入了短视频功能。可以说，在当下的市场环境中，短视频和直播带货正在相辅相成，共同促进发展。

短视频作为一个内容的载体形式，具备天然的粉丝属性。具有清晰定位的短视频账号，可以很好地吸引核心用户群体的关注，通过短视频有计划地运营，可以聚集用户群，为直播活动引流。优秀的短视频内容可以吸引大量的粉丝群体，有了大量的粉丝群体，就可以通过直播活动进行销售转化，实现巨大的商业价值。

同时，每一次的直播活动都可以为短视频提供丰富的内容素材，经过剪辑后的直播片段可以通过短视频账号再次传播，实现二次营销和引流的目的。

一 短视频内容策划

为了实现短视频和直播的相辅相成，短视频的内容策划需要和直播的策划保持一致性，或者是作为一场直播活动策划的一个环节来进行。

短视频的内容策划可以注意以下几点：

（一）账号定位清晰

短视频账号的人设定位也非常重要，内容的设计要主题明确，与账号的标签定位一致，这样才能吸引核心的用户群体。同时视频的内容应该围绕账号定位来设计，并保持内容和账号人设的一致性。

（二）内容特色突出

短视频平台经过几年的运营，现在每天都有海量内容上传，要在众多的短视频账号中获得用户的关注，就必须要有特色突出的内容。千篇一律的内容无法脱颖而出，获得关注和传播。这种特色可以通过人物、剧情、拍摄风格、画面设计等不同方式来呈现。内容要足够丰富，能够让观众产生共鸣，并且能够持续为观众提供价值，才能不断吸引用户关注。而且短视频非常重视原创性和真实性，通常都是真人出镜。

短视频的内容特色可以从以下几个角度去策划：知识类、娱乐类、情感类、创意类。

1. 知识类短视频

随着移动端技术的发展，越来越多的用户已经开始逐渐习惯于碎片化获取知识的方式。切实可用的知识，可以持续不断给用户提供价值，从而获得用户的关注。在主流的短视频平台上，我们可以刷到很多投资理财、语言学习、医疗、健身、管理、法律咨询等不同领域的知识类短视频，这些短视频凭借内容的专业性和可信度获得了大量粉丝的关注。

2. 娱乐类短视频

娱乐性是现代媒体的最根本属性之一，娱乐类的内容也是在媒体平台能够快速传播最主要的内容种类。娱乐类的内容能够给用户带来轻松、愉快的感受，所以它具备使用受众广、传播速度快、迭代更新快等特点。所以短视频的内容的设计增加了娱乐性的特色就能够获得更多用户的喜爱，而且利于多次转发传播。

3. 情感类短视频

人是情感动物，在我们的生活中，对情感的诉求占据了人生诉求很重要的部分。所以情感类的内容是最能够激发用户的共鸣，引起用户关注的，无论是正能量类的、抚慰人心的、情感冲突爆发的、生活经历共勉的，凡是能够体现内心情感诉求，满足情感愿望的短视频内容，都是非常好的能够引起关注和传播的内容。

4. 创意类短视频

新媒体环境下，独特的创意是最容易引发大众关注的。例如，“李子柒”呈现的原生态的生活方式。因为它清新的画面、质朴的生活环境、悠闲的生活态度吸引了很多用户的关注。还有很多展示生活技巧，独特技艺的短视频也都是非常受关注的。

无论短视频的策划选择哪一个角度作为内容的切入点，一个账号的运营都是要经过长期努力，持续深耕才能获得更多用户的关注，从而带来潜在的商业价值。

二 短视频拍摄器材选择

优质的短视频拍摄离不开适合的器材。短视频制作有可能涉及的器材包括拍摄器材、脚架和照明设备三类。

（一）拍摄器材

拍摄器材是完成短视频拍摄最重要的必备设备。要选择适合的拍摄器材，可以从资金预算、摄像功能和视频内容题材几个方面来综合考虑。

1. 根据资金预算选择

随着手机软硬件功能的不断发展，现在的主流智能手机已经可以满足相当一部分短视频拍摄的需求。而且因为其携带方便、操作简单、配套软件齐全的特点而深受广大用户的青睐。所以在没有资金预算的情况下，可以用智能手机完成短视频的拍摄和制作工作。

目前手机的拍摄效果与专业设备相比还是有一定差距的，如果有一些预算，而且想要获得更好的拍摄效果，那么可以选择使用一款单反相机。如果预算充足的话，可以直接购买业务级别的摄像机。这类摄像机通常集成度非常高，拍摄效果非常专业，可以满足各类视频内容的需求。

优质的画面通常都是由精良的拍摄器材呈现出来的，能够给用户带来愉悦的观看体验。无论手机、单反还是摄像机，都可以满足视频拍摄的目的，但是不同型号的设备所呈现出来的拍摄效果还是有很大差异的。在器材设备的选择上，可以从清晰度、变焦功能、防抖功能、像素、手动功能这几个方面进行综合考虑。

2. 根据题材选择拍摄器材

为满足短视频的题材种类所对应的画质呈现效果需求，可以根据短视频的题材类型来选择适合的拍摄器材。

（1）日常生活类

这种类型的短视频在现在的短视频平台占据了很大的比例。日常生活类的短视频内容对画面质感要求不需要很高，主要表现真实的生活场景，也不需要不断切换不同的镜头，不需要刻意追求画面质量和美感，主要围绕主角的语言和行为举止类进行拍摄，所以对拍摄器材要求不高，使用智能手机就可以满足日常拍摄的需求。通常日常生活类的短视频拍摄后不需要经过复杂的后期制作，通过手机端的剪辑软件进行简单剪辑、配乐等即可直接上传到视频平台，既方便又快捷。

（2）剧情类

剧情类的短视频通常有比较强的故事性，在画面表现上有比较高的要求，有多个人物角色入境，所以要准备不同的焦距和效果的镜头来随时切换。而且可能需要切换不同的场景，拍摄时间比较长，所以需要携带方便同时功能比较完善的拍摄器材。很多团队在拍摄剧情类的短视频时会倾向于使用单反相机，即能保证画面质量清晰，还能方便切换不同种类的变焦镜头，后期的加工和处理也比较容易在连接电脑后进行操作。

（3）培训教学类

教学类的短视频在拍摄时要注意对焦能力要强，画面要稳定，设备待机时间足够长，同期录音效果要好。这类短视频比较适合选择功能丰富的摄像机。

（二）脚架的选择

无论使用哪种拍摄设备，为了保证拍摄画面的稳定性，很有必要使用三脚架来配合进行拍摄。三脚架的选择要根据拍摄内容和场景来进行。对于户外拍摄，多场景变化，使用手机进行拍摄的，可以用比较轻便的、体积小的三脚架。如果是做比较长时间的室内拍摄，或者是使用专用摄像机进行拍摄，那么一定要注重三脚架的承重性和稳定性。

（三）灯光照明设备的选择

不同的灯光会给短视频的画面带来不同的视觉效果，短视频拍摄团队需要根据拍摄的具体策划方案来搭配合适的灯光照明设备。灯光设备包括灯具、照明设备附件和其他器件。

灯具的选择主要根据拍摄需求，可以选择的有冷光灯、LED灯、荧光灯、散光灯等。

除了照明设备外，短视频团队还可以准备反光板、柔光道具、长嘴灯罩等照明设备，附件用于不同的拍摄环境下的光线调整。

为了更加准确地控制拍照时的光线，短视频团队还可以准备旗板、调光器、滤镜、纱窗等器件。

三 短视频拍摄技巧

（一）短视频的构图

短视频的拍摄要掌握一定的构图技巧，保证拍摄出来的画面与视频主题、情节等相吻合，而且符合用户的审美要求。构图是非常关键的，短视频团队要根据策划的主题、情节等要求，把要表现的内容恰当地组织起来，构成完整、舒适的画面来呈现给用户。同时，短视频拍摄时一定要避免出现画面内容过于繁杂、主题对象不突出等问题，要避免杂乱的背景对人物造成的干扰。常用的短视频拍摄构图法有中心构图法、黄金分割法、三角形构图法、对角线构图法等。无论采用哪一种构图法，都要注意保证画面主题突出、主次分明的视觉效果。

（二）镜头运用

短视频拍摄时要恰当使用运镜技巧，给予画面更丰富的表达内涵，包括推拉镜头、跟拍、摇镜头、移镜头、升降镜头、悬空镜头等不同的技巧。在恰当的场景中进行运用这些技巧，以丰富视频的表达，使画面富于变化，情节更加突出。

（三）光线运用

在短视频的拍摄中，光线运用会对画面呈现出来的效果有很大的影响。制作团队要根据短视频设计的场景和画面，进行合理的布光，调节光线的强度和色调，来营造出更恰当的拍摄环境。同时，拍摄过程中，要注意运用顺光、逆光、侧逆光、散射光、顶光等不同的光线效果来表现不同的拍摄内容。

四 短视频的剪辑

短视频的剪辑就是通过视频剪辑软件（如图3–34所示），对拍摄好的视频素材进行一定的技术处理，形成连贯完整的视频作品的过程。后期剪辑的好坏，决定了短视频最终呈现效果是否优质。完美的短视频剪辑技巧，可以对原有的视频起到很好的提升效果，所以短视频拍摄结束后的剪辑工作是非常重要的。短视频的剪辑主要从画面、声音、字幕、转场四个方面来进行。

短视频的剪辑过程中，一定要注意控制好视频的内容节奏，清晰展示视频的风格，镜头衔接要平滑流畅，视听感受应与视频内容完美融合。

图3–34 手机视频剪辑软件

练习题

一、单选题

1．以下关于FAB销售法则，说法错误的是（　）

A．“F”代表功能（Function），是指产品的作用，也就是详细介绍产品的使用方法和功能用途

B．“A”代表优点（Advantages），是指产品的优势，因产品特点而带来的优点或是起到的作用

C．“B”代表利益（Benefits）：益处、价值，是指产品能够给用户带来的利益或者如何满足用户的某些特定需求。

D. 以上说法都对

2．主播在进行产品展示时，可以采用的产品介绍技巧包括（　）

A. 使用效果展示

B. 同类产品对比

C. 介绍外观设计

D. 以上都是

二、多选题

1．以下关于直播选品技巧，说法正确的是（　）

A. 要选择性价比高的产品

B. 新手主播要尽可能多地选择不同品类以吸引更多粉丝关注

C. 要选择特点清晰的产品

D. 要充分考虑到直播间核心用户群体的需求

2．站内引流的方法包括（　）

A. 发布视频作品和直播预告

B. 直播中连麦引流

C. 微博转发引流

D. 发送站内开播提醒

三、判断题

1. 为了吸引更多粉丝，主播的人设可随意更改。（ ）

2. 因为直播中存在不可控因素，所以在策划直播方案时，无需策划直播时长。（ ）

3. 短视频内容特色可以从知识类、娱乐类、情感类、创意类4个角度去策划。（ ）

参考答案

一、单选题

1. A；2. D

二、多选题

1. ACD；2. ABD

三、判断题

1. ×；2. ×；3. √

第四章

直播销售

再完善的直播准备和直播策划，最终效果也要通过直播销售环节来呈现。主播在直播销售过程中对于节奏的把控、和观众的互动、话术的使用以及突发问题的应对处理等，对一场直播是否成功都起着至关重要的作用。

第一节 直播互动与节奏把控

一 加强直播间互动

及时互动是网络直播电商与传统电商最大的区别之一。网络直播技术的出现赋予了传统电商更丰富、更立体的商品展现形式，实现了线上与线下的即时互动。

直播间的互动主要通过弹幕评论的形式展现，几乎所有的直播都可以进行单向、双向甚至多向的互动交流，具有很强的及时性和沟通性。对于品牌方而言，通过直播间的互动能够帮助他们第一时间获得用户的反馈，从而更有针对性地对自身产品进行调整和改进；对于主播而言，直播互动能够非常有效地留住用户、增加用户在直播间的观看时长，并且加强粉丝黏性；对于用户而言，他们可以通过在直播间与主播进行互动，表达自己的意见和建议，或是提出关于产品相关的问题，有非常深度的参与感。有效的直播销售互动能够使得各方都有很好的体验和收益，从而使产品的营销效果实现有效地提升。

在直播场景中，常见的加强互动的方法有以下三种。

（一）回答粉丝问题

一场直播中，观众参与的最主要方式之一就是评论留言。主播要时刻关注观众粉丝的互动留言，及时解答粉丝问题、尊重粉丝对产品的意见。对于新人主播，直播间留言数量较少，主播可以逐条念出粉丝的问题并进行回答。在回答粉丝问题时尽量提到粉丝的名字，这样可以让粉丝感受到被主播关注，拉近和粉丝之间的距离。对于有一定流量沉淀的主播，粉丝留言数量较多，可以挑选出现次数多有代表性的问题，或和产品直接相关对销售转化有帮助的问题，或是自己感兴趣也能引起其他粉丝兴趣的问题进行回答。直播时粉丝对于主播赞美的反馈也要及时给予回应，如粉丝说“主播今天好漂亮”，主播可以立即回复“谢谢，我为了今天的直播特地做了发型”，很容易带动直播间气氛，拉近与粉丝的距离；也可以说“谢谢，今天的衣服比较显瘦，这件衣服今天晚上直播间会给大家上”，为即将销售的产品做一个小预告。在介绍产品时有粉丝说到“主播今天推的某款产品用过，效果很好”，主播也要及时回复，借机再向观众介绍和推广产品，效果事半功倍。

需要注意的有两点：一是有关产品的问题要及时回答，如果来不及，截图保存，稍后回答；二是回答问题时要有耐心，不要看不起所提的问题，不要对提出问题的粉丝有不耐烦的情绪。例如，主播在直播间刚说完产品价格，有粉丝留言问产品多少钱，这时候主播看到，不要觉得刚说完又问就鄙视粉丝，产生抵触情绪。一定要马上重复产品的价格，因为粉丝有可能是刚刚进入直播间，没有听到主播之前说的价格。反复重复产品信息是主播在直播间的常规做法，主播如果不能及时回复粉丝问题或因为反复重复而表现出烦躁情绪，会容易造成客户的流失。

（二）提问式互动

除了及时回答粉丝提出的问题，主播也可以通过向粉丝提问来提升互动率，这也是一种不错的直播间互动技巧。例如，卖某款口红，有不同色号，可以问粉丝觉得哪个色号更好看，鼓励粉丝在评论区打出来，既能增加直播间互动效果，也能更多地了解用户需求；或者在卖某一款产品时，问粉丝是否使用过该款产品，鼓励用过的打“1”，没用过的打“2”，像这样简单的提问式互动，可以有效引导粉丝积极参与。或者主播可以在销售一款产品时说“这个货已经卖完了，现在没有了，还有没有想要的宝宝？想要的宝宝在评论区扣‘1’，我看一下还有多少人想要，人数多的话我再去申请给大家加一波货。”通过对产品需求提问式引导互动，让观众感觉到产品的紧俏程度，加大了上货之后下单购买的几率。

（三）引导关注和点赞

主播需要熟记一些常规引导关注的话术。比如“关注主播不迷路”“刚进来的小伙伴，没有关注直播间的请点上面的关注”等，主播要将这些引导关注的话术随时挂在嘴边，隔一段时间就说一次，这样才能不会错过任何一个让粉丝关注账号的机会。此外，可通过关注抽奖的方式进行引导关注，只有关注主播后才有中奖的可能，在福利互动的同时，也获得了大量新粉丝的关注。另外，也可以通过“关注私聊领礼品”进行引导，“粉丝”点关注之后，私信给主播并将收货地址发给主播，即可获得一些小礼品，这样可以通过私聊与“粉丝”建立更强的情感连接，发展为自己的私域流量。（直播间区域示例如图4-1所示）

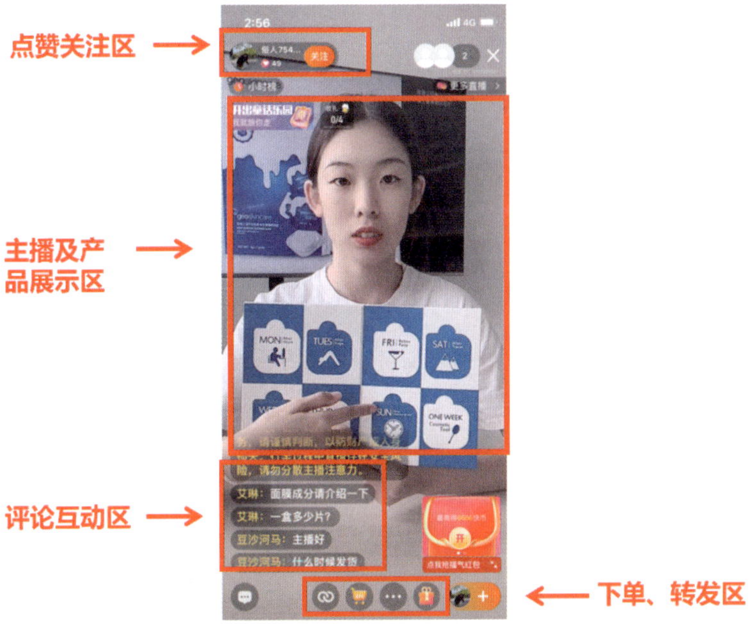

图4-1　直播间区域示例

除了以上三种可以在直播间加强互动的方法外，主播还要在直播中根据脚本中提前策划好的如抽奖、发红包、特价秒杀等互动方式，积极和观众进行互动交流，提高直播间的互动率和留存率，促进成交。

二 直播节奏的把控

作为主播，在直播时必须掌握主动权和控制权，要有自己主场的感觉，要懂得如何带动全场节奏，让直播间里的用户时刻被主播的状态带动。

直播节奏是每位主播对一场完整直播的整体规划，主播需要按照直播脚本策划好的环节和流程有序推进整场直播活动。一场直播通常要持续2～5个小时，很多新手主播在直播过程中不知道该如何把控整体节奏。一般来讲，一场直播可以分为开场预热、产品销售和下播收尾三个阶段。

（一）开场预热阶段

刚开播时是直播间的预热环节，这个阶段的作用是聚集人气，也就是吸引粉丝。通常很多观众都是通过直播预告进入直播间的，成功的直播预告可以有效带动直播初始流量，在直播开场环节主播就要想办法维护住直播间的流量，并且吸引更多的流量进入直播间。主播在这个环节可以使用事先制订好的直播脚本中列出的开场话术和预告话术。主播可以和进入直播间的粉丝打招呼，使用开场欢迎话术，拉近和粉丝的距离，还可以让粉丝签到打卡互动，来一波福利活动活跃气氛，也可以预告本场直播的新款或爆款产品，吸引粉丝留在直播间。同时，主播要记得提醒已经进入到直播间的粉丝关注以及分享直播间。

（二）产品销售阶段

通过直播开场预热，粉丝大部队已经进入到了直播间，并且适应了直播间的节奏和气氛，这个时候就进入到第二个阶段，主播按照提前策划好的商品介绍脚本对商品进行逐个讲解，并有重点地根据直播间粉丝的需求进行介绍。在产品销售环节快结束的时候，主播可以关注粉丝的反馈情况，让当天呼声较高的产品返场，满足粉丝的需求。想在产品销售阶段把控直播节奏，主播需要考虑以下几点：

1. 穿插互动把控节奏

由于一场直播持续的时间较长，在这个过程中主播如果一直不停地介绍产品，主播和粉丝都容易进入疲劳状态，导致直播间气氛低迷，进而造成粉丝的流失。所以在直播销售的过程中，主播要记得按照脚本中策划的内容与粉丝进行互动交流，安排一些福利性或趣味性的互动，提升直播的娱乐性。此外，主播也要能够根据直播间观众的反馈在不影响整体直播节奏的情况下，进行灵活调整，采用各种方式加强互动效果，带动观众状态，让观众愿意继续留在直播间。

2. 根据观众反馈调整节奏

直播过程中，场控要根据在线人数、单产销售数据以及粉丝的反馈引导主播进行重点讲解。如果在小规模直播团队中没有单独场控角色的情况，主播要注意自己关注相关数据，及时调整直播节奏，避免观众的流失。当主播发现直播间观众没有跟着自己的节奏走，出现尴尬或者冷场的情况时，应该及时转移话题，缓解气氛，帮助直播继续进行下去。需要注意的是，话题转移不能太突兀，要和之前讲的内容相关联，自然地进行话题过渡。例如，某主播在某次直播中展示一款背包时，下单的用户较少，互动也不多，导致场面有些尴尬。该主播见到大家对这款产品不感兴趣，就马上跳转了话题，很自然地提了一下“大家有没有发现我今天穿的这件上衣和这个包特别搭”，当时就有观众问她的上衣是在哪儿买的，该主播立马告知观众上衣过几天就会上，价格非常划算。观众纷纷表示等上衣链接。这么一来，观众的热情就又被调动起来，主播重新掌控了现场的节奏。

需要注意的是，主播在直播带货过程中要时刻关注观众反馈，进行适当调整，但是整体上还是要按照事先策划好的流程和环节进行，发现跑偏要及时回到正题。在实际的直播带货中，很多经验不足的主播容易被观众带跑节奏。假如主播就着观众评论的话题一直说，一场直播就会逐渐变成和粉丝聊天，看起来直播间聊得非常火热，但实际上由于和产品相关的话术介绍没有按照脚本正常完成，就失去了带货的正常节奏，最终的销售数据也并不理想。

3. 不因突发状况打乱节奏

主播在直播过程中不可避免地会遇到一些突发状况，主播要尽可能在不打乱直播节奏的前提下采取应对措施。例如，在直播中遇到恶意留言、恶意评价的观众，主播可以适当忽视，不予理会，也可以进行回复但点到为止。要是觉得实在影响自己接下来的直播销售，可以选择使用禁言功能，千万不要因为一些负面的评论就被带乱了直播带货的节奏。例如，在直播中产品准备也可能会出现各种问题，如链接的价格和库存出现问题、样品还没有准备好等，这个时候如果问题能很快得到解决，主播可以和观众聊一些产品相关的话题或者通过提问互动等方式来稍作等待，但如果需要较长时间才能解决问题，主播可以先跳到下一个商品，等问题解决后再介绍上架这件产品，不要在一个地方消耗太多的时间，从而打乱了整体节奏安排。

4. 产品介绍节奏按照脚本规划进行

一场直播开始前，在直播策划脚本中就已经根据直播总时长和总共要上架的商品数量以及当晚的活动安排对每一个环节进行了时间的规划，那么在直播过程中，主播就要按照规划好的时间推进直播，场控要关注时间进度提醒主播，主播自己也要注意关注时间，把控好产品介绍的节奏。如果主播在直播过程中发现没有按照脚本规划的节奏进行，可以通过调整语速的快慢来赶上正常的节奏。

很多新手主播由于经验不足，在直播过程中没有及时关注时间调整节奏，导致所有的产品提前介绍完剩下的时间不知道该做什么，或者在某个产品上花太多时间而影响了后面的进展。例如，3个小时的直播带货活动总共要销售25件商品，由于前面介绍产品的节奏没有把控好，花费时间过长，导致最后距离下播半个小时的时候，还有15件产品没有介绍，主播只能加快语速飞快地过每一件产品，显得非常仓促，而且严重影响了后面产品的销售。所以，主播在直播中，产品介绍一定要按照脚本规划进行，关注时间随时调整节奏，保证用户观看舒适度和直播带货效果。

（三）下播收尾阶段

最后一个阶段是下播前的收尾阶段。在直播即将结束时，主播可以预告下一场直播的新款和爆款产品、开播时间以及具体福利，埋下伏笔，引导粉丝在下一场直播的时候继续准时进入直播间。也可以找机会回复今天没有来得及回答的产品相关问题，最后强调一下让用户记得关注直播间，感谢粉丝的陪伴，在结束时也可以给留到最后的粉丝赠送一些小福利，感谢粉丝的持续观看。最终，在一个用户活跃度较高的状态下下播，截留数据，为下场开播积累惯性、积累流量。

第二节 直播话术设计

一 直播开场话术设计

直播就是一场通过主播和观众之间不间断在线互动来实现的市场营销活动。在这场市场营销活动中，主播与观众之间的语言交流将直接决定一场直播的效果，直播所要传递的核心内容也基本上都是通过直播时的话术来传递的。在这一场语言表演中，开场白就是非常重要的第一个环节。无论直播前的流程策划、内容设计多么得完善，如果没有一个好的开场白，那么直播的整体效果就会大打折扣。直播的开场就像给一个人留下的第一印象，这个第一印象很大程度上决定了观众是否会在直播间继续停留，并在获得主播传递的更多信息中以及不断的互动中，进一步产生消费的愿望。

直播间的观众会根据开场进行判断，这个主播的形象是否符合我的审美，或者引起我的好奇？这个主播的话语是否幽默有趣、友好亲切或者专业可信？今天的直播内容是否有我关心的产品或者环节，是否值得我继续关注？

平淡的、内容匮乏的或者情绪不够高涨的开场无法调动观众的参与意愿，通常会导致观众关闭直播间。因此设计一个好的开场，特别是开场白话术的设计对于一场直播的成功是非常重要的。接下来我们将详尽分析如何设计一个成功的直播开场白。

开场白的话术设计从目的上来说可以包含引发观众兴趣、预告直播内容、吸引更多流量。

（一）引发观众兴趣

开场白话术

1. 欢迎话术

直播间就好比是主播用来接待客人的场所，对于每一个来到直播间的人，作为主人的主播都应该表示欢迎，给作为客人的观众宾至如归的感觉，同时宣告直播正式开始。以下这几个例子都是直播间比较常用的欢迎话术：

——“哈喽！晚上好！我来喽！我来喽！欢迎你们来到我的直播间！欢迎欢迎！让我来看一下第一个进直播间的人会是谁呢？”

——“哈喽！大家好，大家好！我们的直播马上就要开始了！欢迎大家！！”

——“大家好！大家早上好！我是新人主播×××！欢迎大家来到我的直播间！我们开播了！大家在吗？向大家问候早安！”

直播刚刚开始的时候是需要一些时间聚拢人气的，所以通常主播都会多次重复欢迎语，等待直播间人数的增长。

在刚开场人数增长不是很快的时候，也可以逐一叫出刚刚进入直播间的观众的名字，然后打招呼，欢迎进入直播间，拉近和观众之间的距离，让观众感受到你对他们的关注，让观众有被尊重的感觉，这样每一位进入直播间的观众立刻就可以有很好的参与感。例如：

——“大家晚上好！我们现在开播喽！啊，大家都来的好早哦！欢迎大家！网友××1你好！欢迎你来到直播间！网友××2你好！好久不见啊！”

2. 轻松聊天

直播间的互动主要就是主播和观众之间的互动，这个互动越活跃，直播的效果就越好。要激活更多的双向互动，就要拉近主播和观众之间的距离，营造轻松、亲切的氛围。在开场环节中，说完欢迎话术之后，主播可以通过口语化闲聊的方式，给观众传递轻松随意的直播间感受，消除他们对产品销售的抵触，让他们期待和主播之间的互动交流。闲聊的内容可以围绕近期主播生活中的事情展开，比如主播的一次旅游经历、家里人的一次聚会、学校的一次考试准备情况、出差去不同城市的计划、一个有趣的故事等，这些生活化的真实话题感受，可以让观众感觉到他和你的关系更像是朋友关系，更愿意参与直播间的互动。也可以提出一个开放性的问题引发观众的参与。例如：

——“最近北京的天气真的是越来越热，这几天都是大晴天，所以户外活动的时候真的是很晒啊！”

——“上周新上映的那个电影大家都有看吗？感觉怎么样？喜欢吗？”

3. **热点话题**

关注直播活动的观众，通常都会对互联网热门事件和话题有所了解，可以在开场时借助当前的热点话题来吸引观众的兴趣。例如：

——“这几天不断有新闻报道几个不同地区的疫情有反复，大家都要多多注意，多多保重啊，勤洗手，坚持配戴口罩，远离人群聚集的地方。通过直播间来交流是最安全的啦，可以多多关注我的直播活动。今天也给大家带来了一款一次性独立包装的口罩，价格非常好，待会儿会在直播中介绍给大家。”

（二）预告直播内容

以直播带货为主要营销方向的直播间，在开场的时候应该对当天的直播产品做一次快速的介绍，让在开场时就进入直播间的观众了解当天的直播产品和顺序，让他们可以更有意愿停留更多的时间，等待自己感兴趣的产品直播环节。同时根据直播的流程，主播还可以强调除了产品介绍外的其他环节内容，例如，直播计划中的抽奖、红包、才艺表演还有明星嘉宾等环节，抽奖的奖品也应该简短而清楚地介绍给观众，这样可以吸引观众一直停留在直播间。例如：

——“今天是母婴专场，我们会给大家带来一共15款母婴专业的产品。”

——“我做直播到今天已经有6个多月的时间了，今天特意给大家安排了3个抽奖环节，感谢大家对直播间一直以来的支持。”

——“大家一直说希望我上×××的产品，那么我们终于给大家找到了性价比很高的产品，今天会给大家介绍3款×××的新上架产品，请大家一定不要走开。”

（三）吸引更多流量

直播带货的转化效果，与直播间的人数呈正比，也就是说来到直播间的人越多，才能够产生越多的直播间销售转化，所以除了直播前的引流等工作外，从直播开场开始，吸引更多的流量进入直播间，可以非常有效地提升直播的效果。以下开场话术都是非常好的吸引更多流量的方法：

1. 预告直播时间

有规律的固定直播时间有助于持续获得粉丝关注来观看直播活动，在直播开场的时候可以介绍直播的时间，让更多观众养成固定时间来到直播间的习惯。例如：

——“感谢大家今天来参与我的直播，我的直播时间是每周一至至五的晚上7点钟开始，风雨无阻啊，欢迎大家每个工作日的晚上7点来我的直播间。”

2. 邀请观众关注和点赞

在不同的直播平台，观众的关注和点赞都有助于提高直播的搜索排名、推荐或者位置展现，这些排名、推荐和位置展现能够给直播带来更多的免费流量。所以主播在直播的过程中通常会多次邀请观众来关注直播间和点赞。例如：

——“还没有关注直播间的小伙伴请一定要点击左上角的关注，关注后你就能更容易找到我的直播间哦。”

——“屏幕的右下角有一个点赞的按钮，请大家帮我多多点赞。点赞达到10万的时候我们就发今晚的第一波福利。”

3. 邀请粉丝转发直播活动，吸引更多流量

直播间的粉丝是直播间的最佳宣传员，特别是刚开场就进入直播间的粉丝很多都是黏性非常强的铁粉，可以请他们多多转发直播，分享直播间链接。例如：

——“请大家帮我在粉丝群里提醒更多的粉丝我们的直播已经开始喽。”

——“欢迎大家邀请更多的朋友一起来我的直播间哦，今天我们有很多的互动活动，可以邀请你的家人朋友一起来参加！！”

4. 给活动设置门槛，吸引更多流量

将直播的活动安排和关注、点赞等关联起来，既能够提升关注和点赞的数量，也能够有效增加观众在直播间停留的时间。例如：

——“新进直播间的朋友请点击左上角关注我们的直播间，关注后就能参加今天的抽奖活动了，今天我们会安排3次抽奖环节。”

——“请大家多多点赞啊，点赞每增加1万我们就会开始一款新品的试用。”

二 直播产品销售话术技巧

在上一章里提到直播带货最常见的四种问题，其中第三种是不会卖，在直播间卖货讲了半天，下单的人寥寥无几，不知道该如何介绍产品才能增加销量。产品销售话术技巧，就是有效解决这个问题的方法。

影响一场直播带货的成功与否的因素众多，包括前期选品、价格优势、直播间配置、主播个人的魅力等，其中销售话术技巧就是关键因素之一。无论是线上直播销售

和线下实体销售，核心目的都是一样的，那就是要打动用户，将产品销售出去，实现成交。

话术就是说话的艺术，也就是对语言的组织和应用能力，通常有较强的目的性。对于直播销售员来讲，想要在直播间呈现优异的带货效果，最重要的就是依靠良好的语言组织和表现能力。可以说，直播很大程度上是一次语言表达艺术的展现。有些人可以侃侃而谈，用自己独特的方式和个人魅力实现销售业绩。而有些人，面对用户介绍产品，则是无从下手，要么是不知道该说什么，要么是说了半天没有清晰的逻辑线条，并没有得到粉丝的认可和接受。语言表达的方式多种多样，如何能够用观众最能认可的方式进行表达，从而达到理想的直播效果，是直播产品销售话术的关键。主播在销售产品之前，一定要思考两个问题：粉丝为什么要买？为什么要在你的直播间买？想明白这两个问题，在直播间清晰地将答案传递给观众，就能收到很好的效果。

（一）直播销售话术技巧

销售话术（一）

结合直播带货的节奏设计，直播销售话术通常可以从以下七个步骤进行思考：

1. 提出痛点

在正式介绍产品之前，先将观众代入到生活场景中，用生活化的语言描述出用户的需求，结合消费场景找出用户的痛点以及需求点，从而与用户产生共鸣，给用户提供一个购买理由，让客户觉得自己就是这样的，自己可能需要这款产品，想要往下听一下如何解决自己的痛点问题。

> 举个例子，比如在推荐一款奶粉之前，主播可以说“很多新手妈妈面对市面上那么多种类的奶粉，不知道该怎么选，今天我来教你”。一句话戳中妈妈痛点，吸引她们留在直播间，这样直播间留存就增加了。

2. 介绍产品

以带货为主要目标的直播，话术中最核心的交流内容就是介绍产品。在前面引出痛点的环节，已经铺垫好了使用产品的重要性，在这个环节里，就要隆重介绍出要销售的这款产品。

（1）介绍卖点

在介绍产品的环节中，主播需要对自己推销的产品进行详细的介绍，比如在前期策划环节提炼出的特性和卖点信息，如产品的品牌、产地、成分、优势、功效、原料、售后服务等。在介绍的过程中，主播一定要突出产品特色，并从多个角度去增加产品本身的附加值，用价值去打动客户，让观众产生期待。主播在直播间进行销售时，如果要想让自己的商品有不错的成交率，就需要满足目标受众的需求点，而满足目标受众的需求点往往是需要通过挖掘卖点来实现的。

主播在展示产品时，一定要非常有技巧地介绍出产品的特点，包括产品的核心卖点以及有可能会影响粉丝下单决定的不足之处，这样才能够成功推荐这款产品。任何产品或多或少都是有不足之处的，即使是没有任何功能特性使用技巧方面不足的产品，也可能会有价格方面的问题。主播在直播介绍产品时不能够一味地回避产品的不足，这样是无法获得用户的长期信任的。不过，在做产品介绍时可以使用一些技巧介绍其不足之处，或者针对这些不足提出解决方案。

例如，知名主播雪梨在某节目中给新人主播分享经验时讲到一款比较小众的裙子的销售技巧时说道：“这款裙子属于比较小众的类型，大家平时可能不太会穿得到，但是有一些特殊的场合比如公司年会或者生日会，穿这款裙子就会非常合适，不要等到需要的时候发现你的衣柜里少了这样一件衣服，如果今天觉得还蛮喜欢这件衣服，并且价格也合适的话，就可以在我直播间拍下来。”

上述案例中雪梨准确找到了产品的特色，并且讲出了产品的缺点，为观众描绘出了产品使用的场景，让本来觉得不合适的观众产生了下单的想法。描绘出生活化的使用场景，会让用户更容易接受。

例如，某主播在介绍一款餐盒时讲道：“这款餐盒的特点就是方便携带，可以很方便地装到包里，非常适合上班族，在路上坐地铁坐公交带着不会增加额外的负担，缺点就是有些难清洗。”在讲完不足之处后，主播又马上在直播间为消费者分享了清洗这款餐盒的小技巧。

（2）从众心理

介绍产品时，还可以利用消费者的从众心理，从产品销量、用户评价方面做文章。

例如，知名主播李佳琦在直播时，经常会说：“这款产品之前我们在直播间已经售出10万套了，每一次上都瞬间被秒光。”

给消费者一种感觉，这个产品非常抢手，已经有很多人尝试过并且没有任何问题，就证明真的好用，从而对产品产生购买的冲动。

（3）品牌背书

在介绍产品时，除了基础的产品信息介绍，还可以强调品牌的可信度、展现品牌形象或店铺优势，以增加消费者对产品的信任度。可以从网红同款、明星同款，或者该产品在某高大上地方使用，烘托产品的高价值。

例如，知名直播带货主播雪梨在有一次介绍某款燕窝时讲道：“这个品牌专注燕窝领域23年了，我在很多星级酒店一楼大堂，都能看到×××的专柜在那里。”

星级酒店给人的印象是高档，这个品牌的燕窝能够出现在一楼大堂就说明品牌的高端以及质量的保证，不需要再往后多说，观众能够自己理解到品牌的价值。

> 另一个例子，是在介绍一款自嗨锅时，讲到自嗨锅的餐盒质量，主播说道：“餐盒用的是铝箔盒，加热安全健康。大家有没有坐过飞机？飞机上餐盒材料用的就是铝箔盒，你们说安不安全？大家放心大胆去拍就好了。”

在这里主播提到了所销售产品餐盒的材料和飞机上餐盒的材料一样，大家会认为飞机上使用的东西全都是经过严格的筛选、采用非常高的标准，所以就自然地理解到了主播所卖的产品材料非常好。

（4）专业展现

除了要对销售的产品本身全面地了解以外，还要让观众觉得主播在该产品品类领域非常专业。主播在产品领域的专业知识，是靠日积月累的，比如卖化妆品口红，对于什么场合什么人群适合什么口红色号，都要信手拈来。对于新手主播，没有相关经验积累，更要在开播前做充分的准备。如果在直播时，拿着产品说明读或者是连产品都介绍不清楚，就会给观众主播非常不专业的感觉，难以获得观众信任。专业水平越高则越容易获得用户的信任，也自然能带更多的货。

> 知名主播李佳琦在介绍一款防晒霜时，不仅很好地介绍了该款防晒霜的品牌和功效、特色和卖点，更是详细地讲解了如何正确涂抹防晒霜，以及涂抹防晒霜后如何正确地清洗才能有效保护皮肤。

让消费者了解到主播在护肤领域的专业水平，从而对主播以及主播推荐的产品产生信任感，愿意下单购买。

需要注意的是，在这个环节，主播人要专业，但语言不要专业，要尽量用简单的语言表达复杂的内容，否则语言表达太过学术观众会感觉无聊，不会在你的直播间过多停留。

3. 价格对比

（1）直接对比

在介绍产品价格的时候，除了直接讲出产品的优惠政策外，还有一种方法就是和其他地方的售价进行对比，突出自己销售商品的低价。心理学有一个词叫作“沉锚效应”，是指当人们需要对某个事件做定量估测时，会将某些特定数值作为起始值，起始值像锚一样制约着估测值，在做决策的时候，会不自觉地给予最初获得的信息过多的重视。经济学里也有一个对应的名词叫作 “价格锚定”，在直播中先给用户产品的参考价格后，再介绍优惠价格，造成价格差，促使成交，就是利用了这个原理。

例如，主播在介绍价格时说：“这款产品线下专卖店价格是1299元，天猫双十一价格是899元，今天在我的直播间，只要499元，再领一张60元优惠券，到手价只要439元！所有宝宝们，记得一定要领优惠券，到手价只要439元！”

主播团队可以提前准备好价格对比清单，去线下拍照或者去网站截屏，这个时候将图片放出来展示给消费者，会有清晰直观的价格优惠冲击，能够有效促使消费者立刻下单。

（2）间接说明

除了直接用真实的数据展示给消费者本次销售产品的价格优势外，还可以通过场景描绘间接地说明这次的价格非常划算。

例如，李佳琦在讲自己拿到了一个史无前例的低价时，他不会直接说：“我们拿到了历史最低价”，而会讲，“我拿到这个价格之后，×××产品总部（在国外）的大老板知道之后，亲自打电话给中国的总裁说，不行，你不能卖这个价格，你卖了这个价格之后，我们以后怎么办？但是中国的老板说：‘那没办法，我已经答应了李佳琦，只能是这次卖完这个价格，以后再也不卖这个价格了。’”

上述案例中，主播用一个幕后故事生动形象地向消费者传达了价格的优惠力度。

（3）赠品福利

直播销售还有一种价格优惠方式就是加赠赠品。巧妙地介绍赠品也可以很好地凸显出产品的价格优惠力度。

例如，“今天，在我直播间下单的宝宝，再送你们×××”。

如果赠品有很多样，不要一下都拿出来，要一件一件地拿出来，同时主播要配合语速放缓，每个字要带有强调的语气，会让消费者获得优惠的心理得到更大的满足。此外，塑造赠品的价值也可以很好地刺激消费者下单。

例如，主播展示赠品时说：“这个大家平时单独买要×××元，今天在我的直播间，全部免费送给大家。”

需要注意的是，赠品虽然对呈现价格优势有帮助，但是主播还是要分清主次，对赠品的介绍主要体现在价值上，而无需过于展开。有些新手主播容易在赠品上花费太多的时间，导致节奏没有把控好，忽略了主要销售的产品。

为了达到更好的营销效果，很多时候价格优惠通常可能是组合形式的，需要进行一些操作才能顺利下单获得优惠，如领取优惠券、备注暗号等，一定更要在直播中明确地告诉观众购买的正确方式，避免有消费者想买但因为不会操作而造成单子的流失。

4. 饥饿营销

饥饿营销，是指商品提供者有意调低产量，以期达到调控供求关系、制造供不应求的“假象”、以维护产品形象并维持商品较高售价和利润率的营销策略。

在直播销售话术技巧中，通常采用饥饿营销的方法让观众感觉到产品的紧俏程度。在很多主播的直播间，商品的件数是逐步加的。例如，某商品备货2万件，但是第一次上架只有2千件，很快就秒光了，再上几千件，再秒光，再上。主播会配套话术：

> “卖完了，没有喽，我问问他们还能不能再加货，（转头问后台工作人员），去和供货商问一下看还能不能再加。（等一会）又上了，×××产品又上货了快点去拍，不然又要没有了。没有付款的要去踢人了，已经踢了，又有几件货了，赶紧去拍。”或者制造产品某一个型号特别受欢迎的情景，“这款产品xx颜色的库存已经全被拍完了，××色的还有，赶快去抢。”

再或者告诉观众产品为了保证质量生产数量的条件非常有限，所以直播间能够上架的件数非常少。

> “整个他们一周只能生产2000件，因为原材料非常稀缺，为了保证质量，再多的他们也生产不出来了，今天只有这么多件，卖完就没有了，想买的宝宝们一定要抓紧拍下。”

主播配合语气、动作和神态，制造出产品非常抢手的感觉，让本来还在犹豫的观众为了能尽快抢到直接跑去下单，甚至很多消费者为抢到了产品而高兴不已。

5. 互动留人

主播需要注意的是，整个话术过程中别忘了和粉丝经常性地互动，太长时间单方面的介绍很容易造成观众的流失。在前面的直播销售话术中，已经把直播间的气氛带起来了，感兴趣的观众情绪已经被主播调动起来了，不感兴趣的观众很有可能会想要离开直播间了。这个时候，可以趁机再安排一些福利互动，如抽奖、发红包。

例如，“谢谢宝贝关注直播间，谢谢大家的关注，还没有点关注的宝宝记得去点关注。这样吧，关注的宝宝们在评论区打1，我抽一波奖送给大家。”“前面没有抢到的宝宝没有关系，大家都在评论区打×××，我来截屏，截到名字的粉丝我送你一个。”这样主播能够带动节奏，有效提高直播间的互动率和留存率，把观众继续留在直播间。

6. 打消顾虑

（1）坚定肯定产品

销售话术（二）

很多想买但是又犹豫的观众会考虑，这个真的像主播说的那么好吗？之前已经介绍过很多了，可以重复产品的优势特点，这时候还有一种方法，就是直白地肯定产品。

例如，主播在卖一款食品，有粉丝想要却又犹豫，在评论里问“×××真那么好吃吗？”像这样的问题，主播看到后回答：“我告诉你，巨好吃，你就放心大胆地去拍，保证你一定不会后悔。”

有的主播会在这个环节采用一些话术让大家放心下单。例如，李佳琦在直播间会经常讲“孕妈妈也可以放心使用、小朋友也可以放心使用”，这些话告诉大家对安全有严格需求的孕妇、小朋友群体都可以放心使用，一般的用户更可以放心大胆地使用。此外有些观众之前没有用过这款产品，听了主播的介绍感兴趣但是又因为没用过而犹豫。

为了减轻消费者下单压力，主播可以说：“这个非常好用，拍2份××元，但是如果你没用过想说试一试，可以先拍1份，到手价××元，也是非常优惠的，回去先试试用着好再多买一些。”

这样的话术，在之前铺垫下，配合坚定的语气和表情、兴奋的状态表情以及适当的肢体动作，真的会起到效果。这时候有些犹豫的粉丝就会被感染到，立刻跑去下单。

需要提醒的是，主播肩负消费者的权益，要对推荐的产品、说的话负责任，不能盲目地说产品好、什么情况什么人都适合使用，一定要把卖点、功能和可能出现的风险都讲清楚，产品情况真实地呈现在粉丝面前，让粉丝去选择。

（2）购物0风险

很多观众一直留在直播间听产品介绍，很大程度是有意向购买的，但是可能会担心不好用、不适合而无法退货，这时候主播可以通过话术打消粉丝的顾虑。

> 例如，“今天给大家带来特别的福利，你们加入我粉丝团，收到货有任何不满意，无理由退换货，所有退换货的运费由我来出。产品质量大家绝对可以放心，如果有问题大家都来退货，坑的是我自己，我对产品非常有信心。你真正是0风险购物，不要再犹豫了直接拍。”

主播在直播带货中做出售后服务的承诺，能够让粉丝感觉购物是没有风险的，既可以无条件退还，那即使出现问题也没关系了，先买了再说，而且主播这样肯定那我担心的应该没有太大问题。这种做法能够有效地促使更多人去尝试下单。

需要提醒的是，主播在真的涉及自己承担费用风险的时候不要盲目决定，要谨慎思考。实际上，在很多情况，新人主播对售后做出承诺是和商家协商的结果，否则还是很有可能出现收入的亏损。

7. 催促下单

销售话术（三）

在直播间停留到这个时候，多半是支持主播或者对主播推荐的产品感兴趣的，只是在下单过程中可能还犹豫不决，在这个环节主播不用再说非常复杂的话，可以采用促单话术，来刺激用户下单。

例如，“这款产品库存数量不多了，如果喜欢一定要及时下单，不然等会儿就抢不到喽！”“这次产品的折扣力度非常大，品牌方只给了2个小时的时间，过了2个小时就要恢复原价，错过了就没有这么优惠的价格了。想要的朋友抓紧时间哦！”

以上是针对一件产品的直播销售话术技巧，主播可以按照7步话术方法进行产品销售，也可以根据产品特点、直播间现场观众反馈以及实时数据的不同，适当对7步话术顺序和内容进行调整，以达到最佳的销售效果。

案例

薇娅直播间产品销售话术

下面分享一段薇娅在直播间销售一款洗面奶时的话术，来直观感受一下话术技巧的应用。（图4-2为薇娅直播间截图）

图4-2 薇娅直播间截图

表 4-1 话术分析

话术	分析
“有一句话说：洗脸不对，保养全废，我们有那么多的护肤步骤，其中有一个最重要的环节就是洗脸，很多人是敏感肌是因为洗脸的方法不对，洗脸的话一定要用对适合你的产品。”	提出痛点 让观众意识到用对洗脸产品的重要性，并且思考自己用的洗脸产品是不是不适合自己
这个时候薇娅和直播间嘉宾进行了互动“你觉得什么样的洗面奶好？”嘉宾回答“我觉得泡沫多的就好，洗得干净。”薇娅说“你看，大部分人都是这样的印象，这个不能说全对也不能说全错。洗面奶主要分两种，一个是皂基一个是氨基酸。大家分得清什么是皂基什么是氨基酸吗？皂基是洗完泡沫多但是会觉得脸很干，适合毛孔粗大、油皮，会有点刺激，敏感肌不能用；氨基酸对皮肤来讲没有什么损伤，是与皮肤相近的状态，非常温和，有的是没有泡沫的，所以有人会觉得好像有没洗干净的感觉，这种其实是对皮肤好的。因为皮肤有屏障，屏障受损皮肤会出现很多问题，比如容易过敏。”	专业展现 产品介绍话术中一个非常重要的技巧就是展现自己在所销售产品领域的专业知识。薇娅通过提问互动的形式引出专业知识的介绍，使用的都是比较日常的语言，观众不会觉得枯燥无聊，而且可以感受到主播的专业度，从而对主播产生信任感，潜意识里会认为这样专业的主播推荐的产品一定是好的产品
“给大家介绍的这个洗面奶，最开始提氨基酸洗面奶就是从它开始的，相当于是氨基酸洗面奶的鼻祖。”	品牌背书 展现品牌的优势，塑造了品牌的可信度，有效增加消费者对产品的信任度
“这款是非常知名的，在各个渠道从来不愁卖，每次我们都要追着要货，让他们有一点就给我们一点。”	从众心理。 利用大家的从众心理，非常知名不愁卖、有很多人都抢着买的，一定是非常好的产品，今天要是能抢到说明运气还不错
薇娅拿过提前准备好的道具：一盆水和一条毛巾，一边现场演示使用方法，一边说“这里面不含任何皂基，非常地温和。这个是泵头设计，出来直接就是泡沫，洗完脸会非常舒服，男生女生都可以用，不损害你皮肤的屏障。”	卖点介绍 通过亲自演示产品使用来配合介绍产品卖点。传递出产品的成分、设计、使用方式、受众群体、使用效果等信息，让观众对产品特点有了直观的了解
介绍到这里，薇娅念了一个观众的问题“洗面奶可以美白吗？”，薇娅回答“有的说是加了美白，但是建议不要相信，因为洗面奶就在脸上待几秒钟，里面加了任何美白都来不及发挥作用。虽然这款洗面奶也说加了美白成分烟酰胺，但是实话实说，洗面奶就是把脸洗干净不伤皮肤就够了。”	互动留人。 在之前的环节一直不停地在介绍产品，这时通过回答粉丝问题的互动方法进行缓冲，控制一下节奏，避免观众流失。 在这里薇娅对于粉丝问题的回答，有技巧地说出了产品的不足之处，站在观众角度去分析和推荐，很容易获得观众的信任
“今晚直播间货源是官方旗舰店，店面价238元，这个品牌是日常从不做优惠，今晚直播间本来说是要送东西，不能给低价，但是我们就说让直接减钱。我们直播间今晚所有买的人，到手价119元。再送，柔肤乳液一瓶，这个乳液敏感肌也可以用。来，准备开，倒计时开始‘5，4，3，2，1’上链接。”	价格对比 价格对比的方法：直接对比、间接说明和赠品福利都用到了。通过“原价238元，从来不优惠，在直播间119元”的数据差对比出了在直播间下单价格的优惠；通过“本来要送东西不减价”的方式间接说明了产品低价的不易；最后也介绍了赠品乳液的信息。通过价格对比的方式，让观众感觉到价格的划算，产生购买意愿

薇娅念粉丝留言“看到很多人说，终于等到这个洗面奶了”。紧接着说“现在已经全部卖完了，（问后台工作人员）还能加吗？”嘉宾在旁边补充“刚才说让大家通过下单购买产品说错了，不一定是下单就购买产品，还有可能是下单也购买不到产品，因为抢没了。”	饥饿营销。 通过刚上架就卖光了的方式，让观众感觉到产品供不应求，再通过主播和嘉宾的相互配合，烘托出了气氛，让观众产生紧张感想要尽快下单
“这个一定要加，难得上一次，这个爆品特地留在今天晚上。第二波已经上了，大家赶紧去拍。”	催促下单。 再一次提醒大家这个产品非常抢手，错过非常可惜，从而刺激观众下单

（二）无话可说时应如何处理

主播是隔着屏幕和用户进行沟通交流的，直播间通常是只有主播一个人或者是主播、副播2个人，几个小时不停地说，直播间的气氛和节奏全靠主播进行调动，所以一旦主播不知道该说什么的时候，直播间就会面临冷场和尴尬的局面。那么遇到没有话可说的情况，该怎么办呢？主播可以从以下几个方面思考应对的方法：

1. 强调产品卖点

通常一场直播要持续几个小时，需要主播不停地说，新手主播不知道该说些什么的情况也是比较普遍的。这个时候，主播回想一下上一节介绍的7个销售话术的步骤，依次进行介绍。如果之前已经都讲过了，还可以把产品的卖点或价格优势拿出来反复强调，以此来给用户留下深刻的印象。

2. 回复用户问题

当直播过程中主播不知道该说什么的时候，回复观众评论留言的问题是一个很好的方法。并且，对于很多直播新手而言，其直播时长有一定的规定，如果主播没有和用户进行充分的互动，那么这场直播的效果通常达不到预期。需要注意的是，如果碰到较多的用户提问，你可以先把用户的问题记下来，有相同或者相似的问题可以一同回答，然后再按照提问的顺序来回答其他问题，这样做不仅会让回复效率变高，同时也会让用户感受到存在感。

3. **找话题轻松聊天**

直播中不知道该说些什么的时候，可以用轻松的语气和粉丝聊一些产品相关的家常的话题，例如，“饭点到了宝宝们都吃饭了吗？一到饭点就有粉丝问我吃饭了吗，觉得我应该饿了是吗，想先看我吃，看我吃得香不香？我的饭正在加热，一会给你们吃哈。”这样直播间的气氛顿时会轻松下来，也会缓解无话可说的尴尬。

直播间最重要的就是气氛要好，让进来的观众想要留下来，所以一定不能冷场，不然新的观众进来一看气氛尴尬或者没人说话，一下就走了，造成流量的损失。

三 直播结束设计

在实际的直播卖货过程中，许多主播比较重视开场和中间的环节，精心准备互动、销售话术，但到了结束的时候，往往没有意识到直播结束语的重要性，通常会用一句简单的感谢草草结束。专业的主播，每次临近下播的时候，都需要有一套完整的下播话术，正所谓有始有终，这不仅是对粉丝情感的延续，也是主播对直播的总结。对一场直播而言，结束语不仅意味着直播的结束，更是可以为下一次直播进行良好的铺垫。

总结起来，采用直播结束话术可以从以下四个方面设计。

（一）复盘内容

直播结束语

直播结束之前，主播可以先复盘一下今天直播的主要内容。很多观众不是从一开始就进到直播间来的，回顾一下今天直播的主要内容，可以让观众更加全面地了解今天直播的信息，也让粉丝能够加深对本场直播的印象。

例如：“今天的春装专场就到这里了，今天总共为大家上了30款衣服，我发现今天粉丝都比较积极，有几款直接卖断货了，没买到的宝宝没关系，过几天有机会会再给大家安排返场。”“今天宝宝们运气都非常好，抽奖环节出了好几个大奖，下次也要继续来我直播间，还有更多奖品等着大家哦。”

除了内容的回顾外，本场直播的数据也可以在直播快结束时适当融入到话术中。

例如：“今天一共获得××赞，涨了××粉丝，比起上一场直播增进了不少，我以后会更加努力，也希望大家能够继续多多支持。”

（二）表达感谢

主播在下播前最必不可少的就是感谢话术，主播要感谢直播间的观众以及在直播间有所贡献的粉丝。

例如：“感谢今天所有进入我直播间的朋友们，感谢你们对主播和直播间的关注，今天晚上的直播非常开心，谢谢你们。”

此外，新手主播直播间粉丝量还不大的时候，还可以点名进行感谢，以增加和老粉丝的亲近感。

例如：“感谢×××，×××，谢谢你们今天送的礼物，感谢今天所有送我礼物的宝宝们，收到礼物非常开心。”

此外，主播还可以选择一直观看直播的粉丝、发评论或弹幕互动的粉丝、以及结束时还留在直播间的粉丝，直接点出名字表达感谢。此外，结束语的感谢话术还可以和生活相结合，例如，假期最后一天直播，就可以说：

“今天非常感谢大家来到我的直播间，希望大家睡个好觉，假期后的第一天工作顺利。”

（三）下期预告

在直播将要结束时，预告下一次直播的时间、产品、福利等信息，也是主播结束话术非常重要的方向。

例如：“直播马上就要结束了，很舍不得大家。明天晚上××点准时开始直播，请大家明晚记得一定要来我直播间，明天有×××，×××，（明天要上的产品名称或者品牌名），优惠力度非常大，还有红包、抽奖等活动，一定不要错过。”

如果已经确定了下次直播的时间，要明确地告诉直播间里的粉丝，这样能够引导粉丝下次准时地进入直播间。在透露下次直播的产品、福利等信息时，可以适当留下悬念，激发粉丝下一次来直播间观看的欲望。

（四）引导关注

主播除了在直播过程中会反复提醒在直播间的观众关注以外，在直播快要结束的时候，主播也可以再一次提醒关注直播间、观众微博微信、加入粉丝团等，通常留在直播间直到结束的观众，对直播都是比较感兴趣的，所以这个时候再次引导关注，可能会再收割一波流量，最好是带上一些利他信息，效果会更好。

例如：“请大家一定要点关注，下一次开播系统会提醒大家，优惠福利是关注了直播间才能享受到哦。”

此外，在直播结束时，主播还可以将自媒体账号及关注方式告诉还在直播间的观众，以便直播结束后可以继续维护本次直播的观众或进行二次营销。

例如："今天的直播就到这里。欢迎大家关注我们的微信公众号××或微博账号××，直播预告和最新的优惠折扣信息，都可以通过微信/微博账号了解到。关注之后回复'××'，系统会送给你一张20元优惠券，下次再来我直播间消费满××元就可以直接抵扣，非常划算。"

有一点需要注意的是，主播在下播的时候，如果条件允许，一定要多停留一段时间，留十几秒的空白期，也就是过十几秒再关播。因为现在的各个平台上，无论是新手主播还是像薇娅、李佳琦这样的头部主播，直播间通常都会有所延迟，如果主播在宣布直播结束后马上关播，从观众的角度就会看到主播突然中断，导致主播下播前说的话没有听到，甚至还会造成不好的观看体验。

四 提升直播感染力

直播间作为一个语言表演艺术展现的平台，除了上面介绍的直播话术以外，主播的表情、动作、语调、语速、情绪等都会给观众非常直观的感受，并直接影响观众在直播间的停留时间以及购买意愿。主播想要提升直播间感染力，加强直播带货成交的效果，可以从以下几个方面进行思考：

（一）表情

直播时主播的表情要尽量自然，面带微笑说话。讲解产品时要注意直视镜头，让手机前的用户感觉仿佛是在和主播面对面交流，从而拉近主播和粉丝之间的距离。如果主播讲话时一直不看镜头，屏幕前的用户会感觉主播没有在和他们交流，而是在对现场工作人员或者提词器说话。为了让自己的表情能够在直播间让用户感觉到有亲和力并产生信任感，主播需要在线下反复练习多个环节配合话术所对应的表情。

（二）动作

主播在直播中也要注意自己的肢体动作，太过浮夸和频繁的动作可能会引起粉丝的反感，但是如果在直播间长时间保持一个姿势不动，也会显得十分呆板，和粉丝产生距离感。所以在直播销售时，主播可以适当地增加一些肢体动作，比如可以通过点头、摇头、拍手等动作传递情感和想法，会显得更有亲和力，让粉丝感受到你的自然和真诚，拉近和粉丝之间的距离。此外，主播也可以设计一些固定的招牌动作，成为直播和主播个人形象的记忆点。

（三）语调和音量

主播在直播带货时说话的语调和音量要随时调整。语调要有变化，不要过于平缓，在描述商品时要热情生动，这样才能够具有亲和力，让观众喜欢听你说话。此外，说话时的音量也要有高低起伏，这样更能调动观众的情绪。可以在介绍产品特点时提高音量来强调重点内容。例如，“今天这款产品的价格真的是非常划算。”（“非常划算”语调提高以起到强调作用，吸引观众注意）。需要注意的是，不要长时间提高音量，这样可能会让人感觉到聒噪，也不能全程都用低音量，这样会让观众感觉直播间气氛低迷、缺乏活力，很容易觉得无聊。

（四）语速

直播时主播的语速控制也非常重要。语速不能太慢，不然可能会让观众不耐烦、产生疲惫感，容易离开直播间；语速也不能过快，不然可能会让观众听不清你在说什么，观众跟不上你的节奏也很容易离开直播间。一定要控制好语速，既能让观众听清楚，又具备一定的节奏感，让观众能够快速获得有效信息。

（五）情绪

主播在直播时的情绪控制也是提升感染力非常重要的方面。声音最容易透露出主播的情绪变化，无论是开场预热阶段、产品讲解销售阶段、还是下播收尾阶段，主播都要让自己在说话时听起来充满活力，这样才能富有感染力。例如，主播在讲到优惠和福利时可以让自己的声音听起来更加激动，在讲解到产品的核心卖点时，让自己的声音听起来更有力，这样能够有效对直播间的观众产生影响。在整个直播过程中，主播要随时调整情绪状态，让观众始终能够感受到你的热情。友好亲切的交流能够促进直播间观众的互动意愿，而积极向上的良好情绪和乐观阳光的直播态度很容易提升观众在观看直播时的愉悦感，有助于直播间长期保持热度，增加观众的关注度。

直播带货和传统销售形式不同的是，主播和用户是隔着手机屏幕进行交流，而不是面对面交流，所以主播一定要提升直播中的感染力，增强用户参与感，让用户更愿意停留在直播间。总而言之，作为直播销售员，工作的主要目的就是带货，实现成交。在直播时保持亲和力，语速恰当且表达清晰，能够更好地促成观众下单。直播销售要想做好不是件容易的事情，但是只要掌握了科学的方法，每一个环节都尽力做到最好，懂得反思分析、能够反复的练习话术、配合表情神态、语调、动作等，不断提升自己，一定能够成长为一名优秀的直播销售员。

第三节 直播间常见问题处理

直播的最大特点便是永远没有重来的机会，这也就决定了在直播卖货的第一现场，总会有各种各样的突发状况发生，即便是像薇娅、李佳琦等知名度颇高的“头部主播”，也会在直播时面临突发状况。

直播时通常会出现哪些类型的突发状况呢？面对这些意外状况，作为主播的你又该如何应对呢？归纳起来，直播间最容易出现的突发状况主要有以下三类。

一 技术故障

直播间最常出现的突发状况就是技术故障，比如突然断线、卡顿、闪退，或者是连麦出现问题等。关于这一点，相信有卖货直播经验的主播都深有体会，几乎所有主播都曾遇到过这些故障，自然也包括其中一些直播经验非常丰富的“头部主播”。

例如，在某次直播活动中，薇娅就曾遇到了卡顿、掉线的情况。在状况发生后，许多用户都在评论中表示无法看到画面，而薇娅和助理也一直在向用户道歉，并试图寻找网络和信号比较稳定的位置。同样，某一次直播中，李佳琦也遇到过技术故障，直播刚开播一会儿，设备便开始卡顿和掉线。在状况发生后，李佳琦迅速更换了设备，为了继续保持和用户的互动，小助理也一直在一旁不断发红包。

那么，当直播卖货遇到技术故障时，主播应该如何正确应对呢？

（一）断线

直播突然中断的原因一般有两种：一是网络问题，二是因为违规而被平台处罚了。网络问题很好解决，主播切换到网络稳定的场景继续直播就可以了，就如上文中提到的李佳琦的案例一样，当然，在条件允许的情况下，直播间最好能保证直播设备单独使用一条网络。如果是因为违规被平台处罚，那么主播需要查看处罚原因和时长，再具体问题具体解决。

（二）卡顿

出现直播卡顿的原因通常也有两种：一是网络环境较差，二是设备配置不行，带不动直播。如果是网络问题，方法同上；如果是设备问题，那么主播及时更换自己的设备便可以解决问题。

（三）闪退

导致出现闪退状况的原因也有两种：一是设备内存可能被其他程序占用，二是设备本身的内存就不够。面对闪退，主播最好的处理方式是重启程序后再次登录。

当然，除了以上提到的三种主要技术故障外，卖货直播可能会遭遇的技术故障还有很多，比如音画不同步、声音卡顿或是无声音等故障。不过，主播通过检查相关设备、重启程序、检查网络、更换设备等方式，一般都能很好地消除这些故障。

值得注意的是，如果有直播间观众反馈有听不见、看不见或卡顿等情况，有可能是个例，是观众自己的原因。主播可提示有问题的观众检查自己的设备，无需影响直播的正常进行。

二 直播间意外状况

除了以上提到的技术故障，卖货直播最常遭遇的第二类突发状况便是因为合作团队、用户闹情绪等导致的直播间氛围紧张。

一个完整的直播间空间通常不会很大，人员的构成和岗位划分却相对复杂，涉及主播与用户、主播与助理、助理与用户、主播与商家等多条关系链，这其中只要有一条关系链出现问题，或者直播现场稍微出现一点消极互动，都可能引发直播间情绪的波动。一旦产生这种情绪问题，主播必须及时做出反应，化解尴尬，防止负面影响的进一步扩大。例如，有工作人员在忙碌传递样品时意外摔倒，这样大的动静会让屏幕前的观众感觉到直播间有事发生了，这个时候主播可以用简短的几句话对情况做出解释，安抚用户情绪，再以专业的态度迅速投入产品介绍，或者用红包、抽奖等互动形式转移用户的注意力等。总之，相较于技术故障，这一类突发状况显然更考验主播的控场能力。

三 产品问题

作为“人、货、场”中最核心的一环，产品本身在直播中的重要性不言而喻。因此，因产品问题导致的突发状况也是最棘手的一类，稍有不慎，就可能直接导致整场直播的失败甚至会带来巨大损失。

归纳起来，产品问题又可以被分为质量问题、价格问题和链接问题三大类。

（一）质量问题

这里的质量问题，就是指产品本身的质量或性能在直播中出现问题。通常，像服装类、首饰类等不涉及具体功能的产品，在直播的过程中较少会发生意外状况，但这几类产品可能会有一些买家在收到货后进行投诉。关于这方面，国家也正在制定和完善相关的法规和标准。而要避免因售后问题对直播造成负面影响，就要求直播团队在选品环节多下功夫，并且提高直播团队的售后能力。

对于那些有功能特点的产品，如果在直播的过程中，主播对产品不够熟悉或者操作失误，则更容易出现一些现场“翻车”事故。而要想避免“翻车”，主播就需要在直播前多熟悉产品，同时在直播时做到随机应变。如果真的因为产品操作而导致一些问题的产生，主播要尽量稳定自己的情绪，不要因为失误而打乱直播间的整体节奏。可以告诉粉丝问题不在于产品，而是由于自己如何操作不当导致的，要先以最快的速度稳住直播间的观众，然后可以将自己团队选择这款产品的理由和这款产品的特点强调一下，让粉丝相信产品是没有问题的。这样可以将失误的损失降到最低，并且可以很快安抚粉丝、重新掌控直播节奏。

（二）价格问题

价格优惠是直播最重要的特征之一，主播通常能以比较低廉的价格拿到产品，有的头部主播甚至还会与商家签署报价协议，以确保在数月内该产品不会再以更低的价格出售。然而，在实际操作中，并不是每个主播的产品都能是最低的价格，一旦用户发现了自己购买的产品在其他主播的直播间或活动中价格更低，直接在直播中评论留言，就会直接导致用户和主播之间的冲突，也会对直播间其他的粉丝造成影响。根据所售产品和情况的不同，主播也应提前做好相关应对措施。

知名主播李佳琦在某次直播时，看到评论弹幕有留言告状："为啥一模一样的产品，薇娅家却比你便宜"，李佳琦当即就去查看，发现薇娅不仅便宜5块还多送一个杯子，直接大怒，告诉下单的粉丝可以全部退货、全部差评，并决定该供货商的产品再也不会出现在直播间。

（三）链接问题

除了以上提到的质量问题和价格问题、最容易出现的产品问题，还有在直播过程中出现的链接问题，例如，链接出错、链接失效、价格出错、优惠券失效等。

在出现上述这些问题后，常规的处理方式应该是主播首先将产品下架，或者呼吁用户不要购买，并对已经拍下了产品的用户道歉、退款。与此同时，主播应第一时间与商家进行交涉，更正问题。若问题得到及时解决，主播可以告知用户处理进展并号召用户继续购买；若问题无法得到及时解决，主播可以直接下架该产品，继续后面商品的直播。

在现实的直播中，可能会出现的状况还远远不止这些。而要想更好地应对这些状况，就要求主播在日常的工作中努力修炼应变能力，同时在直播前准备充足、在直播过程中仔细专业。

案例分析

烈儿宝贝“双十一”失误

2019年“双十一”大促期间，烈儿迎来了主播生涯三年多以来最大型的一次“翻车”事件，因为直播间的支付设置出错，导致团队亏损近1000万。11月11日凌晨一点钟，所有店铺开始付预售尾款。但是在烈儿店铺的客服群里，有着大量的粉丝在后台提醒工作人员，价格设置出错了。因为在大促期间，无法及时修改优惠机制。1个小时的优惠机制错误，导致整个团队账面亏损就已经达到了近千万。很多粉丝主动提出补差价，也有一些粉丝“作壁上观”。这次设置的运营小哥已经跟随了烈儿三年，看到这样巨大金额的亏损，自责得一直说不出话来。

11号凌晨两点多，烈儿下播后，团队召开了一次紧急会议。公司内部也有不同的声音：“补差价再发货”“不发货直接让买家退货重发”，烈儿当时则提出：“我们不让粉丝补差价，正常发货，当作这次事情没有发生。”不过最终烈儿团队作出决定：让粉丝自愿补差价，同时以优惠券的方式返回差价金额给粉丝用于下次购买。同时写出了道歉信，并且核算了每一款产品需要补的差价金额，以便于粉丝核算。

“双十一”当天下午一点钟，直播间开播。在粉丝们的鼓励之下，加上20多天的直播压力，烈儿落下了眼泪。很多粉丝也纷纷支持烈儿表示愿意补差价，但实际并没有让大家补全额，只是补了部分，而且补了差价得到的优惠券可以以后继续使用，实际粉丝并没有任何亏损，反而烈儿团队给出了更多优惠给大家。

练习题

一、多选题

1．直播时遇到粉丝对产品质量不满意，应该用以下哪些方式处理？（　）

A. 为了不影响直播进展，对粉丝的反馈不予理会

B. 根据商家对这款商品的承诺，尽量及时提供解决方案

C. 改变自己的直播节奏，必须把这一位粉丝的问题彻底处理完毕才能继续直播

D. 予以解释说明，并给出解决承诺，其余问题下播后联系商家尽快解决

2．以下哪些话术适合直播开场白：（　）

A. 大家好，我是一名新主播，今天第X天直播，希望大家多多支持。

B. 欢迎来到XX的直播间，喜欢直播的点个关注。

C. 我们的直播马上就要开始了！欢迎大家！

D. 这款产品的库存已经不多了，喜欢的朋友现在一定要及时去下单！

二、判断题

1．回答粉丝问题、提问式互动、引导关注和点赞是常见的加强直播互动的方法。（　）

2．新手主播在直播开场时应立即采用销售话术详细介绍产品，避免粉丝流失。（　）

3．主播在直播销售时表情和动作都要尽量夸张，以吸引粉丝的关注，提高成交率。（　）

参考答案

一、多选题

1. BD；2. ABC

二、判断题

1. √；2. ×；3. ×

第五章

直播复盘与售后

每一场直播在下播后即宣告一场直播活动的结束，但是围绕这场直播活动还有很多工作要做，主播及其团队并不能就此停歇，需要立即通过直播的复盘分析来回顾本场直播，并且要注意做好直播后的售后服务工作。

第一节 直播复盘与数据分析

直播复盘是整个直播活动中非常重要的一个环节。对于直播效果超过预期计划的直播活动，需要分析总结每个环节的成功经验，并将之应用于下一次直播策划；对于没有达到预期计划的直播活动，直播团队需要总结出现问题的地方、发生的失误，并讨论分析改进方式，避免在未来的直播活动中再次发生类似情况。

一 什么叫直播复盘

直播复盘就是指在一场直播活动结束后，由主播及其他直播团队成员一起，针对此次直播活动进行回顾，从不同的角度进行数据分析、经验总结，汇总直播中存在的问题及成功的点，从而达到查漏补缺、积累经验的目的。直播复盘包括直播数据分析和直播过程总结。数据分析主要是通过客观可量化的数据进行复盘分析，过程总结则是由团队成员在主观层面上对直播过程进行剖析与总结，但直播复盘又不仅仅是数据分析与经验总结，一个有效果的直播复盘是需要对直播的过程进行深度的剖析，对一场直播活动所设计的每个环节的具体工作都要进行分解，详细回顾过程是否顺利，主要问题有哪些，出现问题的原因是什么，接下来应该如何避免和优化。

我们在对一件事情做总结的时候通常更多谈论的是事情的结果，但是一场直播活动不能够单纯以结果来评价，更需要对整个直播活动所涉及的方方面面进行回顾、反思和分析，不但要发现问题，还要找到问题发生的原因，并提出切实可行的解决方案。通过这样详尽的直播复盘，为团队每一位参与者，每一个环节深度挖掘存在的问题，积累更多的经验，才能够为以后的直播活动策划以及直播团队的发展提供更多有价值的信息。

所以直播复盘要更多以过程为核心，关注在对过程的分析总结中不断进行学习和提高，不仅让直播团队的成员对一场直播的结果有清晰的认识，更要让他们每个人对出现的问题有清晰统一的认识，对未来的工作和整体规划有共同的目标。通过复盘可以帮助团队成员认清自己的不足，找到需要改进的地方，从而能够更好地制订未来直播活动的优化方案。

二　为什么要进行直播复盘

无论对于新手主播，还是头部主播，复盘都是必不可少的，只有通过每次直播后及时专业的复盘，才能更清晰地确定直播中存在的不足及其导致的结果，同时分析找出发生问题的原因，并根据这些发现来改进缺点、沉淀优点、积累丰富的运营经验，为以后的直播优化积累数据和经验支持，并提出有针对性的弥补方案和恰当的改进方案，确定后续直播的调整计划，优化未来的直播效果。

如今，随着直播热度的一再飙升，直播带货受到越来越多商家的追捧，相应地，也有越来越多的人加入到带货直播的阵地，这就导致直播带货的竞争越来越激烈，想要在众多的直播活动中脱颖而出越来越难。用户的选择越来越多，任何一个直播中小小的错误或者疏忽，都有可能导致用户对直播间的不认可，从而严重影响直播的效果甚至影响直播间的长期运营。如果直播结束了不及时进行复盘，那么出现的问题不能得到及时的解决和改正，直播的效果将难以突破、无法提升，而且随时存在失去已有用户关注的风险。

任何一个主播都无法保证自己在直播过程中能做到尽善尽美，不发生任何意外，每一场直播都存在值得反思的地方，所以直播复盘是不容忽视的工作环节，任何一个直播团队都应该在每场直播活动结束后，认真进行复盘，通过复盘及时找到存在的问题并立即制订解决方案。

即使一场直播活动的销售数据和粉丝数据基本达到预期，也不意味着工作已经完成了。一个完整的直播流程是要包括直播前期的准备和策划，直播过程和直播后的复盘。在完成了前两个步骤之后，主播只是完成了直播这个环节，而对这个环节进行客观的回顾分析，以便在未来更好地改进这个过程，是更重要的一步。卖货并不是终点，复盘才是关键，这是因为直播带货关注的不是单一场次的直播带货效果，而是要持续不断地提高每一场直播的带货效果。要实现这一点，直播复盘是最重要的途径。每个直播团队都要具备复盘的能力，学会从经验中总结得失，不断提高自我。

三 如何进行直播复盘

正如上文在直播策划脚本设计中讲到的，每一场直播都必须要提前策划制订直播的目标，没有目标的直播最终必然是一场失败的直播，无法达到令人满意的效果。所以直播复盘的核心就是要进行目标的回顾和比较，来检验实际完成的结果与直播策划环节所制定的目标之间的差距，这样做的目的不仅仅是对一场直播的总结，同时也是为了不断检验定制的直播目标是否科学合理，并且在这个过程中不断去总结和优化直播目标，使未来的直播策划更合理、更科学、更准确。

对直播进行目标对比分析，就是将直播实际发生的结果、过程和直播策划时制订的目标计划相对比，找出其中的差异点。也就是与期望的结果（观看人数、新增粉丝、订单量、成交额、用户体验、品牌营销效果等）相比，哪些实现了？哪些有差距？哪些超额完成了任务？然后对直播过程进行层层梳理和分析，找到其中存在差异的原因。

下面将从直播数据分析和直播过程总结两个部分对直播复盘进行详细解读。

（一）直播数据分析

以带货为主要内容的直播，它的目标中最主要的部分就是直播数据目标。直播数据分析是能够对一场直播进行客观量化分析的最直接有效的复盘方法，直播数据可以从多个角度反映出直播的效果。但是直播复盘不仅仅是罗列数据，还要对数据进行比较，并根据这些数据进行深度思考和挖掘。具体来说，就是在进行直播结果复盘时，不仅仅要列出关键直播数据，还需要根据这些数据对整个直播过程进行层层梳理和分析，找出数据所反映出来的直播过程中存在的问题、意外的收获，在找到这些问题后，还需要对这些问题进行剖析，查找问题出现的原因，并制订未来的改进计划。（快手生意通直播复盘数据如图5–1所示）

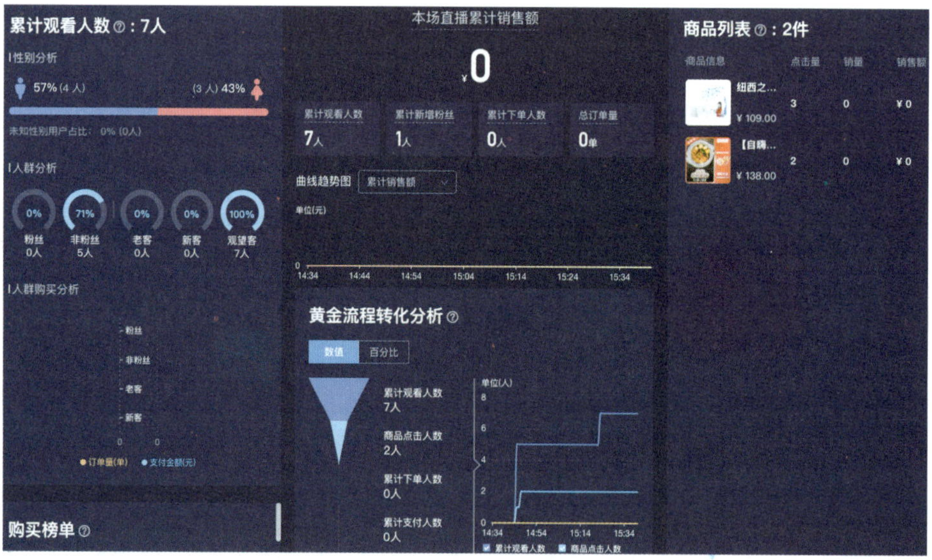

图5–1　快手生意通直播复盘数据

直播数据分析包含以下几个方面：

1. 单场直播数据分析

主流的直播平台都会记录和保存每一场直播的关键数据，这些数据通常可以在直播后台账号的对应页面中随时进行查询或者分析获得。主要关注的数据如下（见图5-2、图5-3、图5-4）：

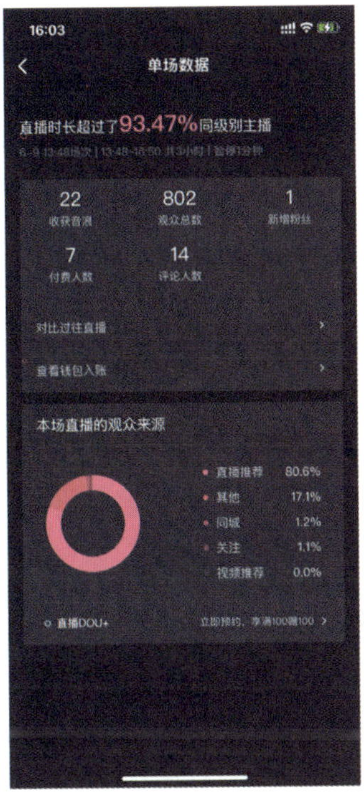

图5-2　单场直播数据（一）

图5-3　单场直播数据（二）

（1）开播数据

开播场次：在特定的时间内一共开了几场直播。

开播时长：一场直播持续的时间是多少小时多少分钟。

有些主流直播平台对于主播的开播场次和每场直播的时长都会有要求，满足要求的主播可以获得更多的流量支持，所以开播数据是需要持续记录和统计的。

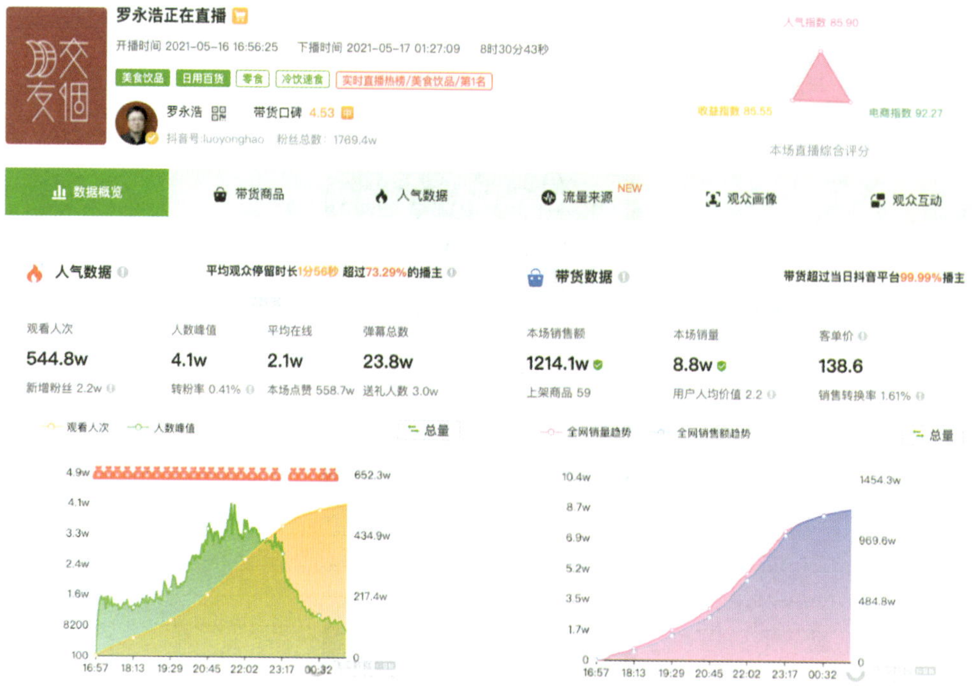

图5-4　单场直播数据（三）

图片来源：飞瓜数据。

（2）流量数据（见图5-5）

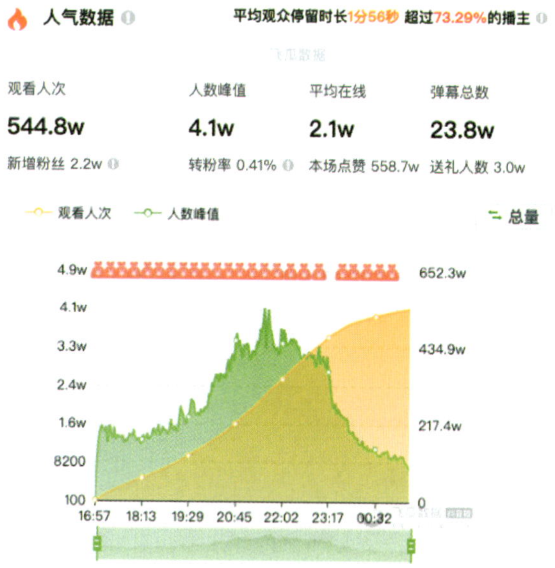

图5-5　流量数据

图片来源：飞瓜数据。

① 直播间浏览次数：直播间浏览次数据指的是一场直播期间直播间页面累计浏览的次数，也就是我们通常所说的流量，它记录的是直播间的页面被用户浏览的次数。也就是我们每点击进入一个直播间，就给该直播间贡献了一个浏览次数。同一个用户如果反复多次进入同一个直播间，或者从详情页等返回直播间，或者不断刷新直播页面，那么都会为这

场直播贡献多个浏览次数。所以直播间浏览次数反映的是一个直播间被看到的次数，但是并不反映来到直播间的人数，因为同一个人可以为一场直播贡献多个浏览次数。

② 用户数：一场直播过程中，进入直播间观看直播的总人数。

③ 观看次数：一场直播过程中，用户进入直播间的累计观看次数。

③ 在线人数：一场直播过程中实时在线用户数。

④ 封面图点击率：一场直播在平台曝光的封面图的点击率，可以通过这个数据分析直播封面的设计效果。

⑤ 流量来源分析：流量来源数据主要是用来分析进入直播间的流量渠道来源（见图5-6）。根据渠道来源的分析可以为之后的直播引流方案提供有价值的数据支持。流量数据首先应区分为免费流量来源数据和付费流量来源数据，然后再细化分析免费流量数据和付费流量数据的具体来源渠道。将一场直播的流量来源数据与直播前的引流方案进行对照比较，可以很清楚地分析出引流方案中的成功之处和存在的问题，从而进一步优化未来的引流营销方案，为未来的营销方案提供有价值的参考。流量来源数据是影响直播间流量的重要指标，直播团队应该要充分利用现有的资源，使每个来源渠道的流量都能够最大化。如果经过分析发现某一渠道的流量低于预期，就需要集中精力对该渠道进行问题分析和不断优化，提高该渠道的引流效果，实现为直播导流的目的。

图5-6　直播流量来源数据

（3）观看数据

① 平均观看时长：一场直播用户观看的人均时长，通常以秒为单位。用户在直播间的观看停留时长，可以从侧面反映直播间内容对用户的吸引度。用户观看直播的时

间越长，说明直播内容对用户的吸引力越大，用户的黏性也就越高，下单的可能性就越高。

② 商品点击次数：商品点击次数就是一场直播中，用户点击一款商品链接进入商品详情页的累计次数. 商品点击次数越多，说明该商品在直播中的吸引力就越大。如果商品的点击次数较少，那么需要优化商品的介绍话术，或者给予更多的营销策略来促进点击量的增长，并提高下单转化率。

③ 评论数据：直播间的评论数据也是评价一场直播效果非常重要的指标（见图5-7）。评论数据的多少可以反应用户参与直播内容的活跃程度。评论数据可以包括总的评论数量、非粉丝的评论数量、评论人数等，甚至可以细化到每分钟的评论数量、每分钟的评论人数等。对这些评论数据细节的分析能够让直播团队更快、更精准地判断出直播内容的吸引程度、用户或粉丝关注的内容、直播间的热度等。例如，如果在主播介绍一款产品过程中，评论达到高峰，而在介绍下一款产品时互动立刻减少，那么可以判断用户对第二款产品的关注度要远远低于第一款。直播团队可以根据这些信息调整未来的直播计划。

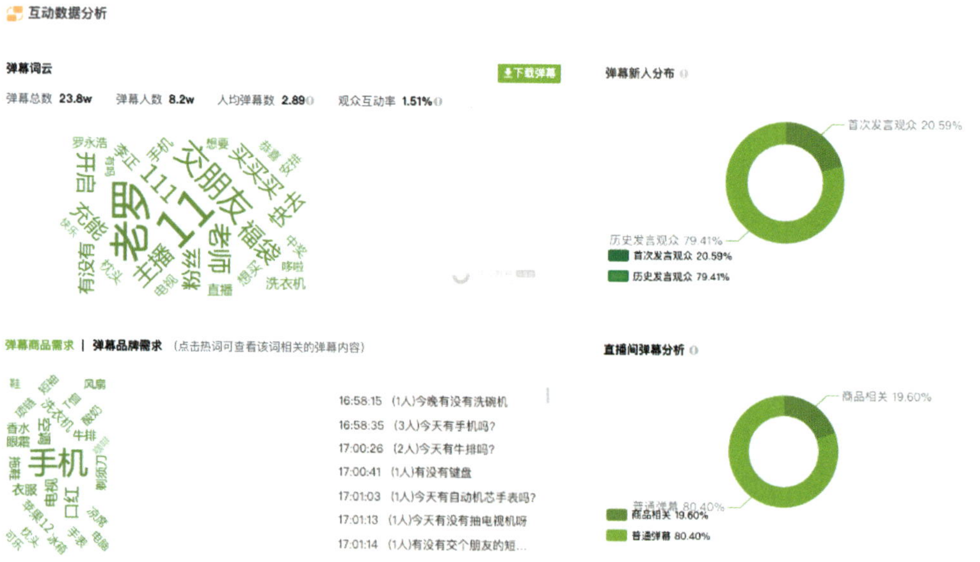

图5-7　直播互动数据

图片来源：飞瓜数据。

④ 点赞数据：点赞也是直播间用户参与直播互动的一个主要表现数据，同时也是直播平台给予流量权重的一个重要指标。所以，主播在直播过程中经常会通过抽奖活动，提醒用户点赞等方式来刺激点赞数的增长。

⑤ 用户回访次数：用户回访次数指的是直播活动中粉丝进出直播间观看直播的次数。这个数据可以反映出直播间活动和内容对用户的吸引力，也会影响直播间的复购率、转化率等。

⑥ 复看数据：复看数据是指单个用户平均在直播间打开的页面数量，它反映了用户对直播间、直播内容、直播产品等的黏性情况。计算方法为直播间总浏览次数与总用户数之比。

（4）粉丝数据：

粉丝数据主要通过新增粉丝数、粉丝画像等数据体现。（见图5–8）

① 新增粉丝数：新增粉丝数是指一场直播带来的新增关注的用户数。新增粉丝数是直播平台权重最大的指标，所以有必要围绕如何促进用户关注来进行直播内容和活动的策划。

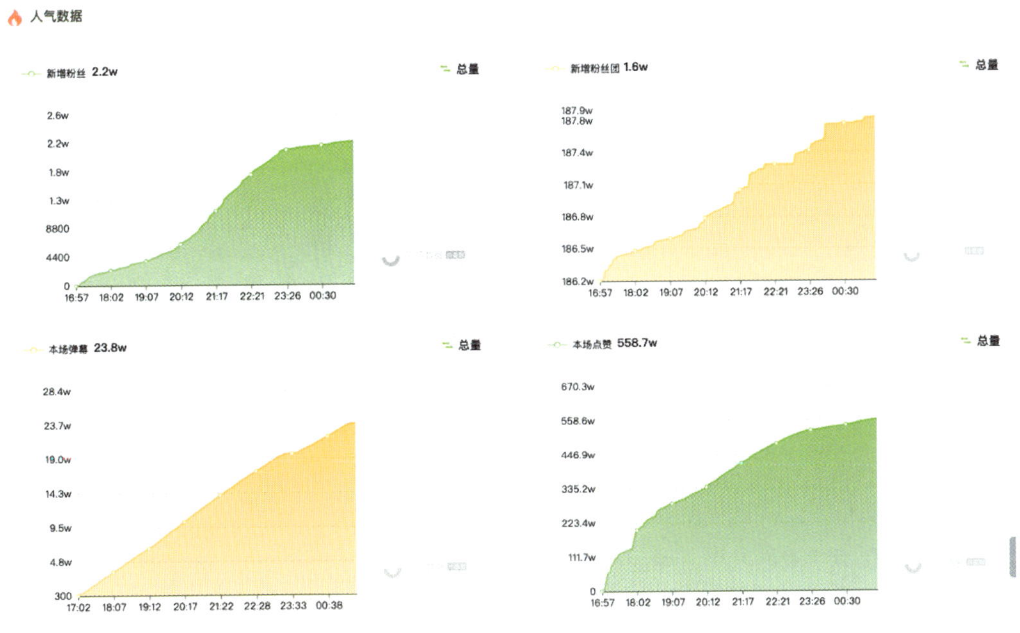

图5–8　粉丝数据

图片来源：飞瓜数据。

② 粉丝画像：粉丝画像就是把粉丝群体的年龄、地域、性别、职业、地域、偏好、行为等信息归纳提炼出的标签化粉丝模型。通过这些高度概括的标签，可以更清晰地分析粉丝的需求，并根据粉丝画像设计更符合粉丝需求的营销活动。（见图5–9）

③ 粉丝回访时间段：粉丝回访时间段是粉丝进入直播间的时间段，也就是能够产生下单行为的时间段。开播时间与粉丝回访时间段越吻合，直播就能吸引更多的粉丝观看，直播间的销售转化率也能越高。

④ 粉丝转化率：粉丝转化率是指直播间用户转为粉丝的人数与直播间总用户数的比。

⑤ 粉丝互动率：粉丝互动率指的是在一场直播活动中与主播进行沟通交流的人数与已经关注主播的总人数的比值，粉丝互动率＝互动人数／粉丝总数。粉丝互动率越高，则说明在直播活动中粉丝的参与活跃度高，可以反映出直播过程的氛围越好。粉丝互动率高的直播间销售转化率也会越好。

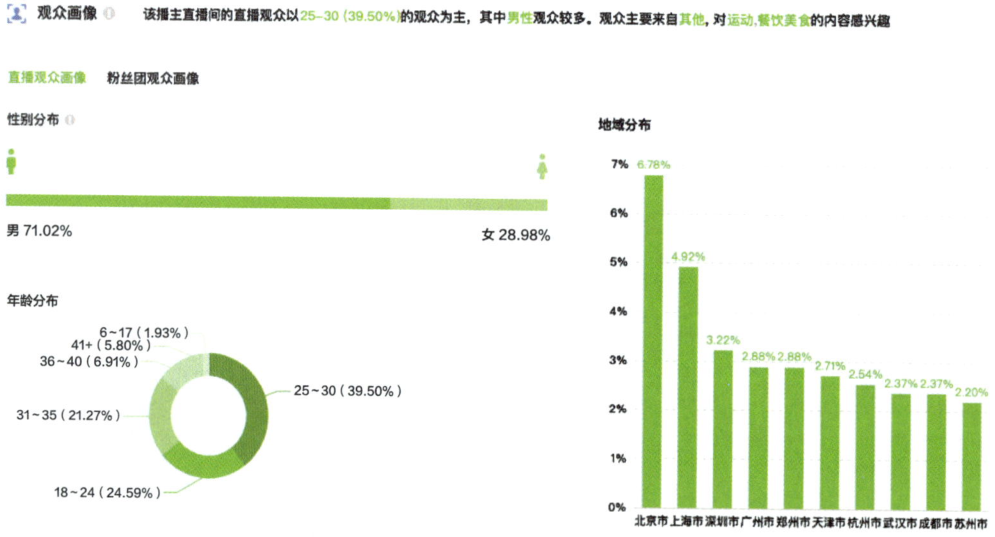

图5–9 粉丝画像数据

图片来源：飞瓜数据。

（5）销售数据（见图5–10）

① 成交人数（下单人数）：是指对于单场直播来说，通过直播间完成下单付款行

为的用户数量。

② 成交订单数：是指通过直播间的链接完成交易的订单数。

③ 成交件数：通过直播间完成交易的订单中的产品总数。

④ 成交金额：是指用户完成下单并付款的采购总额。

⑤ 商品交易总额（GMV）：是衡量直播平台竞争力的核心指标。一般电商平台GMV的计算公式为：GMV=销售额+取消订单金额+拒收订单金额+退货订单金额，即GMV为已付款订单和未付款订单两者之和。

图5-10　销售数据

图片来源：飞瓜数据。

⑥ 加购率：指的是添加购物车用户的直播间用户数量与用户总数量的比率。

⑦ 下单转化率：指的是直播间下单成交的用户数与总用户数的比。下单转化率可以清晰地反应直播的效果与产品对用户的吸引程度。

分析以上这些主要直播数据之后，直播团队可以对一场直播活动的效果有一个更清楚的了解，并且也对直播间的核心用户群体的需求和购买习惯等有了更多的了解，接下来可以选择更符合用户需求的直播推荐产品，并制订更有针对性的直播活动。

2. 直播行业数据

直播行业数据是指整个直播行业的不同角度的排行及各种指数，能够科学地反映出整个直播行业的发展状况和热点。直播行业数据主要包括行业排行、涨粉排行、地区排行等（见图5-11）。

图5-11　抖音直播数据大盘

随着直播行业的发展，除了直播平台提供的直播数据外，现在也有越来越多的第三方数据服务平台可以查阅不同直播平台的数据排行和数据分析，可以通过这些数据分析来制订直播团队的营销策略。通过对这些直播行业数据的学习和分析，直播团队能更清楚地了解不同平台的直播热度（见图5-11），各主播的排名动态（见图5-12），直播排名靠前的商品目录、不同排名主播的粉丝数、带货口碑、点赞数等数据，以及直播主要用户群体的画像。

图5-12　快手带货主播榜

3. 直播竞品数据

直播竞品数据指的是与自己的直播账号定位相近的，或者推荐同类商品的主播直播相关数据。首先需要选择合适的竞品账号进行分析，可以从开播时段、账号定位、产品类型、同等流量等不同角度来筛选。值得关注的数据包括粉丝数、点赞数、评论数、直播时段和时长、账号标签、直播流量、产品销量等，基于这些数据分析的结果，可以取长补短，调整自己的直播营销策略，不断提高自己的直播效果（见图5–13）。

图5–13 央视新闻快手账号数据

4. 获取直播数据

直播数据的获取通常可以通过以下两种渠道：

（1）直播平台后台数据

直播平台为了支持主播们的工作，在直播账号的后台提供了比较详细的个人直播数据供直播团队查询，包括移动端和PC端。

（2）第三方直播数据分析平台

随着直播的快速发展，已经有越来越多的专业公司围绕直播平台提供服务，跨平台数据分析是其中很重要的一个方向。如果你在百度搜索“直播数据分析”可以查询到很多专注于直播领域数据分析的平台。通过这些平台，你可以获得直播行业数据、主播排行数据，也可以查看自己账号详细的直播相关数据，从粉丝关注、带货销量、主播排行、地区排行等数据都可以获得，也可以通过这些平台了解热门直播内容、热门直播产品、竞品账号的运营数据等。这些数据平台可以帮助我们快速了解直播行业的变化趋势，以及自己账号在这个行业中的定位和排行。

5．直播数据复盘的方法（见图5–14）

图5–14　直播后团队复盘

在通过这些渠道获得直播相关数据后，要对这些数据进行整理然后开始分析。上面提到的这些可以量化的客观数据，建议汇总到Excel表格中，方便用不同的方法进行分析。

（1）数据趋势分析法

一段时间内的连续数据可以非常直观地表现出数据的走向。把收集到的数据按照时间顺序汇总，然后制作出直线图、曲线图、柱状图等合适的图表形式，可以清楚地看出每个数据随着时间变化的走向趋势，例如，最典型的粉丝数、销售额、点赞数、评论数、转发数等都可以通过数据趋势来分析直播间的发展状况。

（2）数据对比分析法

相同条件数据的对比分析也是一个非常重要的方法，可以更客观地去了解整个直播间的发展是否健康，同时能够凸显数据中存在的问题。所有统计到的数据都是可以进行对比分析的，并且可以从多个角度进行对比分析。例如，以销售额为例，可以是同一个直播间每一场直播的数据对比，也可以是每个月的汇总数据对比，或者与去年同期的数据对比，也可以把一个直播间的数据与行业数据、同业竞品数据放在一起进行比较，能够看出单个直播间的发展趋势是否与行业一致，以及与同行相比的发展趋势差异。数据对比分析不仅可以通过数据对比发现直播间可能存在的问题，也可以发现直播间发展中的优势。

（3）特别事件分析

我们在进行数据分析的时候，有时候会发现一些突变的数据，也就是突然变大或者突然变小的数据。这些突发数据，通常会与某一个特别事件相关联，比如平台的购物节活动、直播间的一次翻车事件、一款热门产品的介绍，或者也可能是一个引流短视频的火爆等。在进行数据分析的时候，一定要把这些突变的数据找出来单独进行分析，并对这些特别事件进行详细分析记录，作为以后的特殊事件营销的参考。

（二）直播过程总结

单纯的直播数据分析只能从数据角度来对直播的结果进行总结，但一个完整的直播除了这些直播数据外，还包括流程设置、团队协作、主播台词表现、产品展示效果等无法量化的方面。这些需要由直播团队通过自我反思总结、团队共同讨论的方式进行归纳，并形成未来工作的改进建议和可行性方案，这个环节我们称之为直播过程总结。直播过程总结就是回顾直播的整个过程，与直播策划方案进行比较，来详细分析直播过程中的成功经验和失败教训。直播过程总结可以从以下这些角度进行：

1. 直播流程把控

直播脚本的制订是有详细的时间计划的，但是直播过程又是动态变化的，所以每场直播后要对比下实际的直播过程是否按照直播脚本制订的流程计划进行，有哪些比较大的差异？然后进一步分析差异的原因是什么？是脚本计划时间不合理？还是主播介绍某一款产品时间过长或者过短？还是出现了用户投诉问题，处理问题占据了直播的时间？通过这样的分析，可以在未来的脚本制订时，能够制订出更合理的计划，而且给主播提醒直播过程如何更好把控整个直播的节奏。

2. 产品介绍效果及转化分析

直播间介绍的产品通常会多次出现，那么每次介绍同一款产品的时候，主播使用的直播技巧和话术策略都不可能是完全相同的，而通过产品介绍效果和转化分析比较，可以判断出不同的直播技巧和话术策略是否带来不同的直播效果。从用户的互动活跃程度，到下单数量、涨粉量都可以进行综合对比分析，从而判断和选择出效果最佳的技巧和策略方案，并在以后的直播过程中沿用并做进一步的优化。所以复盘过程中对直播产品介绍效果及转化进行分析，可以分析直播策略的优劣，并根据实际的分析效果，可以制订出更详细的产品介绍流程、方法和标准，从而达到优化直播效果的目的。

3. 直播互动分析

一场直播的脚本设计中包括台词设计、直播环节设置、直播互动玩法、直播开场和收尾等多个方面，这些设计好的内容在执行过程中是否达到设计的效果，是否顺利进行，有没有出现意想不到的问题，暴露出设计中的缺陷或者执行中的问题，这些也是直播团队进行过程总结的重点环节。

4. 团队的配合

一名成功主播的背后一定有一个配合默契的团队支持，而且随着直播行业的规模化和规范化发展，在未来的直播行业中，以团队的形式来共同经营一个直播账号将成为主流。而在这个直播团队中，成员分工越来越细，每个人都将承担不同的工作任务，包括选品、策划、主播、客服、场控等。在这种分工明确的团队模式下，成员能否默契配合将直接影响直播的效果。所以直播也要从团队合作的角度进行复盘分析，每个人都应该从自己的职责角度进行回顾和说明，把自己看到的问题提出来，同时也接受其他团队成员对自己工作的判断和评价，利用集体的智慧，帮助每一个成员寻找工作出现问题的原因。这样做的原因有三个方面，一方面，每个人因为工作范围的有限性，可能对自己的问题看得不够全面，可以通过其他同事不同角度的解读来寻找症结原因，从而彻底解决问题；另一方面，通过听取其他团队成员的介绍，可以对整个团队的工作有个更完整、更全面的认识，有助于每个团队成员在团队整体目标上达成一致，在具体工作中保证重点突出；第三方面，每一次复盘都像一次团建活动，能够不断加深成员之间的理解和认知，营造更牢固的团队氛围，增强团队的凝聚力。

5. 直播过程总结的方法

需要整个团队共同完成的直播过程总结建议按照以下步骤进行：

（1）团队成员自我回顾

参与此次直播活动的团队成员每个人自我回顾和阐述，阐述的内容包括自己在此次直播活动中的主要工作内容、工作目标，最终的完成情况没有完成的任务有哪些，没有完成的原因是什么，出现了哪些问题，以及通过此次直播，对自己的工作内容和工作流程、工作目标有哪些不合理的地方，以后应该如何改进和提高，工作方法有哪些有效的地方，哪些需要调整之处。

（2）问题挖掘

在一名成员完成自我阐述后，其他团队成员要一起针对这名成员在直播过程中出现的状况进行深入的剖析，找出任务没有完成或者出现问题的核心原因，只有深入挖掘找到根本原因，才能够在以后的直播中实现有效的调整和提高。这是团队复盘比较艰难的一个环节，但也是最重要的一个环节，只有完成了这个环节，团队才算是真正找到了问题的本质原因。

（3）解决方案

在找到核心原因后，接下来团队要一起讨论如何去改进，这是提高后续直播效果的重要步骤，也是团队帮助每一位成员成长的重要环节。每个团队有自己的文化和氛围，在进行这一步的时候，可以根据每个团队成员的特点，采用合适的方法来确保每位成员能够充分掌握解决问题的方法，并能够在未来的直播中配合进行调整。

这些经过团队自己讨论形成的解决方案一定要整理记录，并且在以后的直播策划过程中形成具体的可执行方案并在执行过程中去检验这些方案的效果。

只有这样一遍遍地复盘每一场直播活动，直播团队才能够及时发现并解决存在的问题，推动直播间持续不断进步。

第二节 直播后服务

为了巩固直播的效果，更好地维护与用户之间的关系，直播后的服务和传播也非常的重要。

一 订单售后服务

市场营销的竞争实际上是对用户的竞争，用户的满意度是检验营销工作成败的核心标准。所以直播订单的售后服务是提高用户满意度、巩固用户黏性最重要的工作，是直播团队不可或缺的工作组成部分。运作良好的订单售后服务，可以发展更多忠诚用户，提高直播间的信誉度和美誉度，有利于直播间整体人设定位的提升，而且可以增加直播间在同业者中的竞争优势。直播团队在提供订单售后服务的过程中应注意以下几个方面。

（一）保持与用户的长期交流

每一个用户的获取，特别是下单采购的用户的获取，都是经过直播团队从策划、营销、直播运营等多个环节才获得的，所以每一个下单采购的用户对于直播团队来说都是非常宝贵的资源。那么维持与这些用户的长期交流会对直播间的长期发展有非常好的促进作用。良性的长期交流既可以提高这些用户的复购率，还能够通过他们来了解用户的需求。此外，关系维护良好的用户有可能介绍更多的用户来关注直播间，从而形成有效的口碑传播。与用户的售后交流有多种方式，短信、社群、站内信息等都是适合采取的方式。

（二）及时回复用户反馈信息

用户是直播间服务的核心对象，所以用户给出的反馈信息应该立即获得直播团队的认真关注，并及时给出回复。用户的反馈信息可能是对购买产品或者直播间体验的满意反馈，可能是对产品的细节咨询，也可能是对产品本身、采购过程或主播提供的信息等的不满抱怨，无论是哪一类的用户反馈信息，都应该获得直播团队的关注。特别是对于用户的不满抱怨更应该获得直播团队的即时回复，安抚好用户的情绪，然后尽快提出解决方案。主播及其团队一定要秉持诚恳认真的心态与用户进行交流，耐心倾听了解用户的不满并尽力解决，挽回用户对直播间的信任。并同时根据出现的问题，优化直播活动，提升服务水平。

（三）二次服务跟进

任何一款商品的售卖，都有可能产生订单取消、退货换货等情况发生。对于这些服务的跟进，一方面要按照售后规则处理用户的申请，另一方面也要借机收集整理这些售后申请所反映出的商品问题以及用户的需求点，对未来选品、直播脚本设计、营销方案等都会有很好的帮助作用。在此过程中，让用户感受到服务的专业性和直播间的诚意，从而可以提升用户的复购率。

二 建立社群

当一名主播通过一段时间的运营和直播维护，拥有了一定数量的粉丝之后，建立社群就变得很有必要。建立社群是能够长期维护粉丝，实现流量反复变现的最有效方式。有了众多联系密切、复购率高、活跃度高的粉丝，主播的直播带货才能够获得更长久的发展。

（一）在哪里建立社群

构建社群的方式和平台有很多种，直播团队可以根据自己的直播平台和日常工作习惯或者核心用户的使用习惯来决定在哪里构建自己的社群，可以选择一个或者多个平台来构建社群。主流社群平台包括QQ群、微信群、微博、豆瓣小组、论坛、线下社团、短视频账号等。一个完美的社群应该同时具备用户管理、产品销售、营销等多个功能于一体。

（二）建立社群的目的

社群汇聚了一批有共同爱好、共同价值观的人，运营社群就是运营人与人的关系，也就是主播与粉丝之间、粉丝与粉丝之间的关系，运营社群的目的是要在这些人之间建立良好的信任关系。一个成功的社群一定会让社群的每一位成员都产生归属感，这种归属感可以持续吸引社群成员参与话题讨论和互动。而社群之所以能够把一些人聚集到一起，是因为这些人之间有着共同的兴趣爱好和价值观。正是这些共同的兴趣爱好和共同的价值观把社群中的人很好地连接到一起，并且在社群的长期运营和发展中，逐渐形成了这些人和产品、品牌、话题之间的共同连接。所以社群不是简单的微信群或者QQ群，它实际上是人际关系管理和用户关系管理的集中体现，社群是链接用户与品牌、产品的效率最高、成本最低的方式。

社群是把直播间的用户进行了再次提炼和聚合，由此可以增强用户黏性并且实现多次销售转化。所以，运营良好的社群将是产品销售很重要的渠道。在社群中可以进一步实现品牌的精准传播，也可以通过用户在社群的互动来引爆爆款产品。所以社群是非常有价值的营销渠道，值得深度运营和挖掘。

同时，社群也是及时收集用户反馈和需求的最佳渠道。直播后，可以在社群继续解答用户对于产品的疑问，并可以进一步挖掘用户需求，为以后的直播策划提供有价值的信息。这些后续服务可以提升用户的满意度，获得良好的售后口碑，同时也能够提高用户的下单率和复购率，促进直播转化，是一个低成本高效率的用户关系维护渠道。

（三）社群的内容输出

要维护社群的活跃度，最关键的就是要持续输出对社群粉丝有吸引力的内容。在内容策划方面，直播团队需要根据直播账号的定位来确定社群的主要内容方向。社群的内容输出是社群的价值所在，要想经营好社群，直播团队就要规划好社群的内容。社群输出的内容一定要能够给粉丝提供价值，以此提高粉丝对社群的黏性。

1. 知识分享

除了定期发布直播预告、产品信息和优惠活动之外，还可以在社群中分享一些与直播产品和直播内容相关的知识经验分享，来丰富社群的内容价值。例如，销售美妆产品的直播社群，可以分享美容美妆知识，来吸引粉丝的阅读和对直播活动的参与。推荐户外产品的直播社群，可以分享一些户外运动知识、户外打卡地推荐等，这些有价值的内容可以获得粉丝群体更积极的互动参与。围绕直播产品来设计社群内容应该是社群内容的核心，而且这些内容的输出应该是持续有规律的，这样才能够契合社群粉丝的需求，让社群更有辨识度，吸引更多同类粉丝进入社群。

2. 保持内容的积极正向

同时在社群中做内容输出时一定要确保内容是积极正面的，这样的内容更受粉丝的欢迎。过多负面和夸大的内容，会引起粉丝的不适和反感，影响粉丝对社群的信任和依赖，而且有可能会导致粉丝退群现象的发生。积极正面的内容能够获得更多粉丝的关注和讨论，也能唤起更多粉丝的热情，可以带来更多粉丝的互动，活跃社群的气氛。

3. 内容以产品为核心

社群内容的输出既要避免与直播内容或者直播产品无关，也要避免粉丝不感兴趣的话题。进入社群的粉丝都是有共同的兴趣和爱好，希望能够在社群中持续获得他们感兴趣的内容。如果社群输出的内容与他们感兴趣的产品和内容无关，那么粉丝很快就会怀疑社群能够给他们带来的价值，甚至会退出社群。

所以，直播团队在进行社群内容策划时，应该以产品为中心，围绕用户感兴趣的内容进行长期稳定的输出，保证社群内容的价值，只有这样，才能够通过社群巩固与粉丝之间的关系，并且吸引更多的粉丝加入。

在社群进行内容输出时，还要注意内容主题的多变性。社群作为一个粉丝交流的平台，如果仅仅讨论同一个话题，那么粉丝很快会对话题失去参与的兴趣。为了持续不断地吸引粉丝关注，经常变化社群讨论话题是十分必要的。所以直播团队在进行内容策划的时候，要经常更换讨论的话题，同时保证话题内容与直播产品的关联性，这样才能将活跃的社群讨论与直播销售转化实现良好的对接。

4. 福利活动

除了输出用户感兴趣的干货内容外，还可以在社群中发放各种福利来活跃社群的气氛。福利包括产品优惠券、品牌礼品等，这些不定期的福利可以有效地吸引更多粉丝参与社群的交流，提高粉丝对社群的黏性，让社群有更好的良性发展。

三 二次营销与引流

除了日常的社群运营外，直播团队还要善于把社群与直播结合在一起共同运营。

（一）直播后引流

社群是给直播引流的最有效渠道。每次直播活动都会在多个渠道进行营销推广，在社群中发出直播预告后，还要鼓励粉丝邀请更多的朋友通过社群的预告来进入直播间。通过社群进入直播间的用户通常是信任度高、黏性也高的用户，他们在观看直播后的购买意愿也是非常强烈的。

（二）直播后的二次营销

社群可以为直播进行引流，同样，直播也可以为社群增加活跃度。直播可以为社群的内容运营提供最好的营销素材，与常见的图片、文字输出相比，视频内容传递的信息量更大，形式更新颖，并且直播具有即时性、不可预测性，能有效增加群内的活跃度。直播环节中的促销活动、用户互动、品牌活动、才艺表演、直播时的趣闻、参与嘉宾、意外环节等，都可以作为最优质的营销素材资料。直播团队针对每一场直播都应该进行直播过程的再次剪辑，制作成便于传播的素材，通过公众号、社群甚至宣传软文等不同的渠道进行传播，最大化利用好直播活动，并且为以后的直播进行二次引流。这些生动的直播素材是最好的引流工具，可以以最低的成本达到最好的引流和宣传效果。

总之，要运营一个成功的直播间，直播后的运营工作也非常重要。通过社群的建立，既可以构建与用户之间最直接的沟通方式，随时收集用户反馈，还可以更好地维护与用户之间的关系，为有共同兴趣的用户提供一个可以愉快交流讨论的环境，提高用户的黏性，培养一批最忠实的用户群体，并且能够通过社群进行二次营销和引流，巩固好直播与社群之间的关系，为未来直播活动的转化打下良好的基础。

练习题

一、多选题

1．关于社群的内容输出，以下说法正确的是：（　）

A. 可以进行知识分享，丰富社群的内容价值

B. 可以在社群中发放各种福利来活跃社群的气氛

C. 在社群进行内容输出时，要尽可能围绕同一个话题进行讨论

D. 直播团队在进行社群内容策划时，应该以产品为中心，围绕用户感兴趣的内容进行长期稳定的输出

2．以下数据中属于直播观看数据的是：（　）

A. 平均观看时长

B. 点赞数据

C. 加购率

D. 成交订单数

二、判断题

1．直播间的评论数据也是评价一场直播效果非常重要的指标。（　）

2．商品交易总额（GMV）是已付款订单和未付款订单两者之和。（　）

3．对于一场效果超预期的直播活动，结束后并不需要复盘总结。（　）

三、问答题

在直播复盘中，想要了解粉丝相关的数据信息，可以从哪些数据进行分析？（请至少列出3个）

参考答案

一、多选题

1．ABD；2．AB

二、判断题

1．√；2．√；3．×

三、问答题

新增粉丝数、粉丝画像、粉丝回访时间段、粉丝转化率、粉丝互动率

参考书目

1. 杨浩.直播电商2.0[M].北京：机械工业出版社，2020.

2. 梁宸瑜，曹云露，马英. 直播带货：让你的流量持续低成本变现[M]. 北京：人民邮电出版社，2020.

3. 秋叶，勾俊伟，张向南，刘勇. 直播营销[M]. 北京：人民邮电出版社，2017.

4. 尹宏伟. 直播营销：流量变现就这么简单[M]. 北京：机械工业出版社，2020.

5. 丁浩. 头部主播养成计划：打造你的超级带货力[M]. 北京：中信出版集团股份有限公司，2021.

6. 陆高立. 直播销售：商业模式+平台运营+吸粉引流+带货技巧[M]. 北京：中国铁道出版社，2020.

7. 全权. 化妆品服装直播销售：主播打造+爆款优化+带货技巧 [M]. 北京：中国铁道出版社有限公司，2021.

8. 人力资源社会保障部教材办公室. 电商直播[M]. 北京：中国劳动社会保障出版社，2020.

9. 吉林省人力资源和社会保障厅. 直播销售员[M]. 北京：中国劳动社会保障出版社，2020.

10. 秋叶，郑昊，米鹿. 短视频：策划、制作与运营[M]. 北京：人民邮电出版社，2019.

11. 魏艳. 零基础学短视频直播营销与运营（实战案例版）[M]. 北京：化学工业出版社，2019.

培训大纲建议

一、培训目标

通过对本书的系统性学习，可以培养具备互联网营销思维、直播销售实操技能、直播复盘售后能力、短视频策划与制作等能力，能够以个人或团队形式实现创业；或在不同级别的政府机关、企事业单位的互联网营销团队中担任重要角色的优秀直播销售人员。

1．理论知识培训目标

（1）了解直播销售员应具备的职业道德和职业素养

（2）了解直播销售员工作必备的法律法规知识

（3）了解直播行业的发展历程

（4）熟悉主流直播平台的基本规则

（5）熟悉直播前工作准备内容

（6）掌握产品营销基本法则

（7）掌握直播后服务与传播的基础知识

2．实操技能培训目标

（1）了解主流直播平台开播方法及直播间封面与标题的设置技巧

（2）了解直播间搭建方法

（3）熟悉人设打造的方法

（4）熟悉直播选品技巧

（5）熟悉短视频策划与制作的方法

（6）掌握直播方案策划及预热引流的方法

（7）掌握直播话术技巧及产品展示方法

（8）掌握直播复盘的方法与技巧

二、培训安排

培训安排表

章、节	理论知识学时	实操技能学时	总学时	重点知识	培训建议
第一章 直播基础知识 • 职业道德 • 法律法规 • 直播行业发展的不同阶段 • 直播营销“人、货、场”的新定义 • 其他相关行业知识	4	0	4	直播销售员职业道德和职业素养；国家相关法律法规；主流直播平台的使用规则；直播电商的发展阶段；直播营销“人、货、场”的概念	本章为直播基础知识内容，建议多结合案例分析讲解、运用启发式教学方法，引导学生讨论和交流
第二章 直播准备 • 三大主流平台及特点 • 开通直播及设置直播封面与标题 • 直播场景搭建 • 直播前工作环节 • 主播心态建设	2	2	4	三大主流平台特点及直播开通权限和开通方法；直播间封面及标题设置技巧；直播硬件设备及场景搭建方法；直播团队人员分工	本章为直播前准备工作相关知识，建议从本章开始让学生进行分组（每组2–5人），采用项目制的方法，每一章节在教师讲解知识点并演示操作后，让学生以小组为单位开展实操练习，从头开始逐步完成直播项目，最终产出项目成果
第三章 直播营销策划 • 打造有吸引力的人设 • 直播方案策划 • 直播选品技巧 • 预热引流 • 短视频策划与制作	4	6	10	打造人设的方法；直播方案策划包含的内容；产品营销法则及直播展示方法；撰写直播脚本的方法；直播选品的技巧和搭配策略；预热引流的方法；短视频策划与制作方法	本章为直播前营销策划环节相关知识内容，建议保持上一章课堂上的分组情况不变，每一小节在教师讲解知识点后，都让学生进行对应的实操练习，并组织组间相互展示和评议
第四章 直播销售 • 直播互动与节奏把控 • 直播话术设计 • 直播间常见问题处理	2	8	10	直播间互动的方法；直播开场、产品销售和结束话术的设计和运用	本章以直播销售实操知识内容为主，建议保持上一章课堂上的分组情况不变，在教师讲解知识点后，分配大量时间给学生进行实操练习，从而让学生能够自然熟练的表达话术和展示产品

续表

章、节	理论知识学时	实操技能学时	总学时	重点知识	培训建议
第五章 直播复盘与售后 • 直播复盘与数据分析 • 直播后服务	2	2	4	直播复盘的方法以及主要数据的分析方法；直播订单售后服务及建立社群的方法；直播后二次营销和引流方法	本章为直播后复盘、售后服务和运营相关知识，建议保持上一章课堂上的分组情况不变，在教师讲解知识点后，以真实案例数据让学生进行分析训练，并让学生以前期课堂上小组直播策划、工作准备、直播销售实操的过程和结果为基础进行复盘练习
合计	14	18	32		